표지 그림 화가 **황 인 옥**

엄마
느
괜찮아

情옷 황정희 작가

표지 글씨 서예가 **여 태 명**

엄마 난 괜찮아

惰옷 황정희 작가

 도서출판 위

나는
파랑새가 되겠습니다.

푸른 하늘에
푸른 들꽃이 되어
푸른 사람을 만나
푸른 사람을 끌어안고
푸른 노래를 마음껏 부르며
푸른 그리움을 가슴에 새기며

온 세상에 사랑을 나르는
꿈의 파랑새가 되겠습니다.

<황정희의 파랑새 중에서>

마음을 따라가는 것
그것이 바로
진실한 사랑입니다

　양주에 있는 한 시설을 찾았을 때였습니다. 그곳은 자폐장애인과 정신장애인들이 함께 기숙하며 사는 시설이었습니다. 이 시설은 30년 이상이 된 곳이고 오갈 데 없는 이들과 스스로 자립할 수 없는 장애인들이 맡겨져 있는 곳이었습니다.

　봉사자들이 점심을 준비해서, 혼자 스스로 밥을 먹을 수 없는 사람들 대신에 식사 수발을 해주는 그런 곳이었습니다. 그런데 봉사가 끝날 때 즈음해서 갑자기 소나기가 쏟아졌습니다. 그때 한 20대 청년이 갑자기 큰 소리를 지르며 먹고 있던 밥을 마다하고 급하게 우산을 들고 밖으로 뛰쳐나가는 것이었습니다.

나는 무슨 일이 일어나나 하고 곧장 그 청년을 뒤따라 나갔는데 그 청년은 앉아서 비를 맞고 있는 강아지에게 우산을 씌워주고 있었습니다.

나는 청년에게 물었습니다.

"왜? 강아지에게 우산을 씌워주고 있니?"

비를 철철 맞고 있었던 청년은 비에는 아랑곳하지 않고 어눌한 목소리로 이렇게 말하는 것이었습니다.

"강아지, 비 맞으면 추워요~~"

바로 그것이었습니다. 순수함이었습니다.

우리가 잊어버리고 있었던 것은 바로 이러한 순수한
마음이었습니다.

CONTENTS

CONTENTS

들어가는 말 - 내부장애란?

장애는 불편합니다.
그러나 불행한 것은 아닙니다.

 현재 우리나라에 공식적으로 등록된 장애의 종류는 총 15가지이며, 크게 신체적으로 장애가 있는 경우와 정신적으로 장애가 있는 경우로 나누고 있습니다. 신체적 장애는 다시 내부장애와 외부장애로 구분됩니다. 그리고 또다시 외부 신체기능의 장애와 내부기관의 기능장애로 분류가 됩니다. 외부적 신체기능의 장애에 관해서는 많은 분이 이미 알고 계시는 부분이므로 신체적 장애 중에서 특히 내부기관의 장애에 대해 말씀드리고자 합니다.

 내부기관 장애란 인간의 몸속에 있는 각종 장기에 장애가 있는 것으로 완치되기 어려운 내부기관의 질환으로 인하여 장기간에 걸쳐 일상생활에 제약을 받는 장애를 말합니다. 미국이나 영국에서는 완치가 어려운 만성질환으로, 일상생활에 어려움을 겪고 사회생활에 제약을 받는 내부질환을 장애범주에 포함 시키고 있으며, 일본도 신체 장애복지법에서 심장 및 신장 그리고 호흡기기능장애로 인해 영속적으로 일상생활에서 현저한 제한을 받는 자를 내부장애인으로 규정하고 있습니다.

우리나라에서는 내부기관 장애의 유형으로는 신장장애, 심장장애, 간장애, 호흡기장애, 장루 · 요루장애와 뇌전증(간질)장애로 6개 항목이 있습니다. 이 가운데 신장장애와 심장장애는 2000년에, 간장애와 호흡기장애, 장루요루장애, 뇌전증장애는 2003년에 장애유형으로 인정이 되었습니다.

우리나라에서 신체적 내부장애가 장애로 인정된 역사는 이처럼 짧습니다. 이런 사람들에게 장애판정을 주고 국가에서 일부 지원을 하자며, 신장과 심장 항목이 내부장애로 등록이 되었으며, 이후 2005년도에 4개 항목을 추가되어서 현재 6개 항목이 내부장애로 등록이 되어있습니다.

이들 내부기관장애 유형 중 신장장애는 내부기관 장애인 가운데 가장 많은 비중을 차지하고 있으며 전체 등록장애인 중 3.7%, 한국 사람 천명 중 1.8명 정도가 해당합니다. 내부기관장애인들은 겉으로 표시가 나지 않는다는 점과 상대적으로 적은 수로 관심을 덜 받는 장애유형이라고 할 수 있습니다만 내부기관 장애인들이 앓고 있는 질병들은 근본적인 치료가 되지 않는 질병들이어서 지속해서 의료비를 지출하는 것이 큰 부담으로 다가옵니다.

또한, 장애인 활동 지원 혜택을 받기 위한 과정에서도 신체기능이나 인지기능 장애보다 상대적으로 낮은 점수를 받고 있어 일상생활에 필요한 서비스를 제대로 받기 힘든 형편입니다. 이러한 불편한 점을 개선하기 위해서는 기본적으로 내부기관 장애인에 대한 인식개선과 장애인 활동 지원 종합조사표를 장애 유형별 맞춤형으로 개선하는 등의 제도적 뒷받침이 필요합니다.

　그러나 내부장애인이 받는 가장 큰 고통은 '사회의 불편한 시선(視線)'입니다. 장애인들에 대한 '이해와 배려 그리고 같은 공감대의 형성'이 무엇보다 먼저 우선되어야 합니다. 내부장애인과 같은 입장에서 그들이 겪는 고통과 불편을 이해하고 배려하는 것부터 시작되어야 합니다. 제도적 지원도 물론 중요하지만, 우리가 '그들과 하나'라고 여기는 생각이 그들을 진정으로 위하는 길입니다. 우리나라는 자신의 장애를 감추고, 가족의 장애를 감추어서 더욱 고통을 받는 경우가 받습니다. 외국에서는 내부장애인들이 자신은 이러이러한 장애가 있다는 표식으로 목걸이를 걸고 다닙니다. 뇌전증환자도 자신이 환자임을 알리는 증명서를 갖고 다닙니다. 만약의 경우를 대비해서 그렇게 합니다.

　저는 병원에서 근무하기 시작하면서부터 그리고 2008년 내부장애인 협회를 설립한 이후 현재까지 약 30여 년간 내부장애인을 포함하여 수많은 사람을 만났습니다. 그리고 그분들이 각자 가진 고통을 옆에서 지켜보면서 내부장애인에 대한 인식개선과 스스로 홀로서기 프로그램을 다양하게 만들어 실천해왔습니다.

저는 초등학교 2학년 때 어머니는 불의의 교통사고로 돌아가시고, 아버지는 초등학교 5학년 때 위암으로 돌아가셨습니다. 양 부모님이 안 계신 이러한 어려운 환경 속에서도 즐겁게 살고, 꿋꿋하게 살고, 오뚜기처럼 어려울 때 일어서서 열심히 노력해왔습니다. 나쁘게 자라지 않고 나쁜 마음을 먹지 않고 온전하게 살아온 저에게 스스로 감사하게 생각하면서 살고 있습니다.

엄마는 이 세상의 어려운 사람들에게 큰 울타리입니다. 넘어져도 올려다볼 수 있고, 넘어질 때마다 내 손을 잡아주고 언제나 일으켜 세워주는 든든한 울타리입니다. 엄마도 아프고 괴롭고 슬퍼할 줄 알지만, 자식 앞에서는 그러한 내색을 하지 않습니다. 왜냐하면, 엄마이기 때문입니다. 이러한 엄마의 마음으로 이 사회의 모든 장애인을 보듬어주고, 넘어지면 손을 내밀어주고, 어려운 상황을 만날 때마다 든든한 지지대가 되어주어 항상 따뜻하고 정이 넘치는 사회를 만들어가겠다고 결심했습니다.

우리는 모두 엄마의 마음을 가져야 합니다. 엄마의 마음은 조건 없는 돌봄의 마음입니다. 그러나 돌봄은 하루 아침에 되는 일이 아니었습니다. 돌봄에 익숙해져야 했습니다. 돌봄이 차츰 익숙해지니까 자연스럽게 제 삶의 일부가 되기 시작했습니다. 그리고 마더 테레사 수녀님처럼 모두의 엄마가 되겠다는 생각을 하게 되었습니다.

"그래, 내가 장애인의 엄마가 되자!"

그리고 남은 인생에서 '다른 사람들과 따뜻한 마음 나누기', '더 가졌을 때 덜 가진 누군가에게 나누어주기', '화낼 상황에 웃음으로 다가가기', '다른 사람의 아픔을 내 아픔으로 여기는 일'을 목숨이 다할 때까지 해나가자! 그리고 그러한 사람다운 사람들로 이 사회가 가득하기를 진심으로 바라자! 고 다짐하고 다짐하게 되었습니다. 엄마와 아빠를 잃은 아프고 슬픈 저의 지나온 역사가 오히려 저를 새로운 길로 한발 한발 걸어가고 나아가게 해주셨으니 다시 한번 돌아가신 부모님께 감사드리며 꼭 이 말씀을 엄마의 품에 안겨드리고 싶습니다.

"엄마! 난 정말 괜찮아! 잘 살아왔고 앞으로도 잘 살아갈 거야!"

꽃씨가 싹을 틔우는

봄

1

한쪽 문이 닫히면
다른 쪽 문이 열린다

세상에서 가장 아름답고 소중한 것은
보이거나 만져지지 않습니다.
단지 가슴으로만 느낄 수 있습니다.

- 헬렌 켈러 -

둘이 하나 되어 만난다면
당신은 든든한 하늘이 되세요.
나는 촉촉한 대지가 되겠어요.

둘이 하나 되어 만난다면
당신은 흔들리지 않는 나무가 되세요.
나는 그 나무의 풍성한 열매가 되겠어요.

둘이 하나 되어 만난다면
나는 넓은 바다가 되겠어요.
당신은 바다를 헤엄치는
자유로운 물고기가 되세요

둘이 하나 되어 만난다면
나는 가마솥이 되겠어요.
당신은 하얀 쌀밥이 되세요.

둘이 하나 되어 만난다면
당신은 내게 사랑을 주고
나는 당신의 사랑을 마시겠어요.

<황정희의 둘이 하나 되어>

언제부터 장애인에 대해서
생각을 했나요?

어린 시절의 일본의 만화영화 '요괴인간'이
지금의 나를 만들었다면 우스울까요?

사람들이 제게 자주 질문하는 물음 하나가 있습니다.

"언제부터 장애인에 대해서 생각을 했나요."

"가족 중에 장애인이 계신가요?"

"장애인이 아닌데도 어떻게 이렇게 열심히 장애인을 돕는 일을 하지요?"

아주 어린 시절 TV에서 즐겨보던 한 만화영화가 지금의 나를 만들었다고 하면 어리둥절하실 분이 많으시겠지만 저는 그랬습니다. 초등학교 시절, '요괴인간 벰'이란 만화영화를 즐겨 보았습니다. 이 영화는 1968년부터 1969년까지 일본 후지 TV에서 방영된 편당 25분짜리의 총 26부작 애니메이션 영화였는데 당시 일본에 불

어 닥친 호러 물에 편승하여 탄생한 작품이었습니다. 한
국에서는 동양방송(지금의 TBC 전신)을 통해 70년대에
방영되어 어린이들은 물론 많은 어른에게까지 높은 인
기를 끌었던 만화영화였습니다.

이 영화의 줄거리는 한 과학자가 더욱 강인한 육체와
바른 마음씨를 가진 완전한 생명체를 만들기 위하여 실
험하다가 그만 그 결과를 보지 못하고 숨지게 되었는데,
실험에서 쓰였던 배양액에서 벰, 베라, 베로라고 하는 3
명의 요괴의 모습을 한 세 남매가 창조됩니다. 이들 3명
은 요괴의 얼굴을 하고 있지만, 마음은 몹시 정의롭고
따뜻했습니다. 그들이 인간이 되려는 방법을 찾기 위하
여 길을 떠나게 되면서 영화의 이야기가 시작됩니다.

여행 도중에 인간을 해치는 많은 요괴를 만나 퇴치하
며, 때로는 요괴만도 못한 몹시 나쁜 인간들도 만나게 되
지만 3명의 지칠 줄 모르는 노력으로 선량한 수많은 인
간을 구하는 스토리입니다. 하지만 이런 정의로운 모습
을 보여줌에도 불구하고 추악한 겉모습 때문에 인간들

에게 감사를 받기는커녕 오히려 손가락질을 받으며 쫓겨날 때가 많았습니다. '다크 히어로'로서 컬트적인 인기를 누렸던 이 작품은 "진정한 인간이란 무엇인가?"라는 묵직한 화두를 던지며 인기리에 방영되었습니다. 당시 어리고 순진했던 저는 이 만화영화의 주제곡에도 종종 눈물을 흘리곤 했습니다. 주제곡의 가사는 이렇습니다.

어둠에 숨어서 살아가는
우리는 요괴인간들이다.
남에게 모습을 보일 수도 없는
짐승 같은 우리들의 모습
나도 인간이 되고 싶다!
어두운 운명을 힘차게 물리치자
벰! 베라! 베로!/요괴인간!

주인공 삼 남매는 매우 강인하면서도 착한 괴물이었습니다. 그 남매들은 착한 일을 많이 해야 사람이 될 수 있다는 말은 믿고 어떠한 어려움에도 굴복하지 않고 굳건하게 헤쳐나갔습니다. 초등학교 2학년에 불과했던 어린 꼬마가 "인간이 되고 싶다."라는 세 남매의 이야기를 들을 때마다 엎드려서 정말 엉엉 울었습니다.

길거리에서 우연히 마주친
뇌전증(간질)장애인의 목격

어렸을 때의 또 다른 기억은 간질환자와의 우연한 만남이었습니다. 요즘은 흔하게 볼 수 있었던 광경은 아니지만, 예전에는 아주 자주 보았던 환자였습니다. 간질의 병명은 지금은 뇌전증이라 부릅니다. 뇌 신경세포가 일시적으로 비정상적인 전기신호를 만들어 과도한 흥분 상태를 유발하게 되는데, 이러한 과도한 흥분 상태가 나타나면 뇌 기능이 장애를 일으키면서 갖가지 발작증상을 보이는 질환입니다. 멀쩡하던 사람이 의식을 잃으면서 쓰러진 뒤 손발을 극심하게 떨면서 혀를 깨물기도 하고 입에 거품을 머금기도 하는 전신 경련 등 뇌 기능이 일시적으로 마비되는 증상입니다.

여고생 시절이었던 어느 날이었습니다. 길을 걷고 있

는데 길거리에서 간질 환자가 발작하는 상황과 맞닥뜨리게 되었습니다. 그런 환자를 태어나서 처음 본 것입니다. 길을 가다가 어떤 사람이 발작을 일으키고 있었는데 주변에 있던 사람들이 도와주기는커녕 무서워서 도망가거나 그 옆에서 구경하면서 수군거리고 있는 것을 목격하게 되었습니다. 그 당시에는 그것을 간질이라고도 하지 않고 지랄병이라고도 했습니다. 저도 무서웠습니다만 한편으로 그 사람이 안쓰러워서 도와주고 싶어서 가까이 다가가고 있었는데 조금 있다가 그 사람이 언제 그랬느냐는 듯이 툭툭 털고 일어나서 걸어가는 것이었습니다.

요즘에는 약물과 수술 요법이 발달 되어 뇌전증 환자가 길거리에서 발작을 일으키는 것은 흔하지 않습니다만 여전히 간질환자는 2020년 기준으로 전체 장애인 인구 가운데 0.3%에 달하는 7천여 명이 뇌전증 장애를 갖고 있습니다. 우리나라에서는 2003년부터 뇌전증(간질)을 내부기관 장애인으로 등록하게 되었습니다만 이 병명의 환자를 정신질환을 앓고 있는 듯 대하는 일반인들의 그릇된 생각으로 인해 환자 스스로 철저히 숨기기도 해 현재 정확한 숫자는 파악되지 않고 있습니다. 저는 그때부터 이렇게 내적 장애를 겪고 있는 사람들을 도와야겠다는 생각이 싹트게 됩니다.

인류에게 던져준
찬란한 희망의 등불

위대한 장애인 성자 - 헬렌 켈러를 만났습니다

이렇게 요괴 인간의 만화영화를 보면서, 길거리에서 간질 환자를 만나면서 신체장애인이든 빈곤 소외계층 이던 항상 외로운 사람들의 친구가 되고 또 그 사람들을 도울 수 방법을 상상해 오던 중에, 듣지도 못하고, 말하지도 못하고, 보지도 못하는 3중의 장애를 갖고 있으면서도 장애를 극복하고 20세기 미국의 저명한 작가이자 교육자이며, 인권운동가이며 반전운동가로 활약했던 헬렌 켈러의 첫 저서 '내 삶의 이야기'(The Story of My Life, 1905)를 읽게 되었습니다. 그녀의 전기는 정말 충격이었으며 읽는 도중 얼굴이 온통 눈물로 범벅 되었습니다.

이 책은 그녀의 어린 시절부터 21살 대학생이 될 때까지, 보이지 않고 들리지 않고, 말을 못 하게 된 그간의 사정과 그러한 심각한 장애를 극복하고 정상인조차 도저히 이룰 수 없는 성과를 내는 과정을 자세하게 설명하고 있었습니다. 세상과의 소통이 막힌 채 살다 암흑의 세계를 뚫고 세상 밖으로 나오기까지 이를 극복하는 과정을 눈물 없이는 읽을 수 없는 그녀의 자서전은 그 후 텔레비전 드라마, 영화 등으로도 만들어져 많은 사람의 심금을 울림과 동시에 많은 장애인에게 어떠한 장애도 극복할 수 있다는 것을 정말 극적으로 보여주고 있었습니다. 제가 말로 할 수 없는 감동을 한 것은 물론이었습니다.

이미 아시다시피 헬런 켈러는 태어날 때부터 장애가 있는 것은 아니었습니다. 그녀는 태어날 때는 시각과 청각에 전혀 이상이 없어서 여느 아이처럼 말을 하기 시작했고 한 살 때까지는 걷기도 했습니다. 그녀가 시각과 청력을 잃은 것은 생후 19개월째부터였습니다. 헬렌에게 고도의 열이 나는 증상이 나타나자 가정 주치의는 이를 뇌막염이라고 진단했지만 열이 난 지 며칠 지나지 않아서 식사 종을 흔들어도 그 소리를 듣지 못했고, 얼굴 앞에서 손을 흔들어도 아무런 반응을 보이지 않는 것을 그녀의 부모가 보게 되었습니다.

그녀의 부모는 여러 경로를 통해 전화 발명가로 유명한 알렉산더 그레이엄 벨을 만나게 되었습니다. 당시 벨은 청각장애자 교육 전문가이기도 했습니다. 헬렌을 만난 벨은 매사츄세츠 주 보스톤에 있는 퍼킨스 맹아 학교에 가보도록 추천했고, 학교의 교장 선생님은 헬렌 가족과 상담을 한 후 이 학교를 졸업한 '앤 설리번'을 개인 교사로 추천했습니다.

설리번은 다섯 살 때 트라코마에 감염돼 시각에 장애가 왔고, 수술 후 어느 정도 시력을 회복해 퍼킨스 시각장애인 학교에서 공부 한 여성이었습니다. 교장의 권고를 받은 설리번은 1887년 앨라바마에 있는 헬렌의 집으로 갔습니다. 20대 초반이었던 설리번은 이후 약 48년을 그녀의 개인 교사이자 삶의 동반자로 살았습니다. 머리가 명석한 헬렌은 차츰 설리번의 지도를 따르면서 입술에 손을 대고 상대방의 말을 알아듣는 방법, 말하기, 전자책 읽기, 타이핑, 손가락으로 글자 쓰기 등을 익혔습니다.

설리번은 항상 헬렌에게 이렇게 말을 했다고 합니다.

"시작하고 실패하는 것을 계속하라. 실패할 때마다 무엇인가 성취할 것이다."

켈러는 다양한 일을 했지만, 무엇보다도 다른 사람의 삶을 개선하는데 그녀 자신이 무엇을 할 수 있을까를 진지하게 생각했습니다. 그리고 의회에 나가 시각장애인들의 복지 개선을 강력히 주장하고 1915년에는 시각장애가 있는 자들에 대한 대책을 연구하는 기구인 '헬렌 켈러 국제기구'(Helen Keller International)라는 기구를 설립하고, 1921년에는 미국 시각장애 연맹을 결성하고, 시각장애에 대한 인식을 바로잡고 그들을 돕는 자금 마련 운동을 전개했습니다. 켈러는 또 영구실명 전쟁

기금과 같은 조직 등 불우한 처지에 빠진 사람들을 돕는 기구에도 들어가 적극적인 활동을 전개했습니다. 1946년부터 1957년까지 헬렌 켈러는 5개 대륙 35개국을 여행하며 많은 사람들에게 자신의 장애 극복 이야기를 들려주는 일도 하였습니다.

"세상을 볼 수 있다면 첫째 날은 사랑하는 이의 얼굴을 보겠다."라는 간절한 소망을 간직했던 헬렌 켈러는 88세 생일을 며칠 앞둔 1968년 6월 미국 코네티컷 자택에서 타계할 때까지 수많은 명언을 남겼습니다. 그녀의 명언은 장애를 갖고 있거나 그렇지 않거나 인류에게 남겨진 희망의 등불이었습니다.

마더 테레사의 삶이 남긴 말들

그대 발길이 닿은 곳이라면
그 어디라도 사랑을 전파하세요

저는 또 한 분의 성자를 만나게 됩니다. 그분은 마더 테레사(Mother Teresa, 1917~1997)입니다. 테레사 수녀는 인류에 대한 공헌으로 오늘날 기억되는 유명한 사람 중 한 명입니다. 그녀는 "죽어가는 사람들을 혼자 내버려 두지 않을 것"을 굳게 결심하고 인도에서 수많은 가난한 사람에게 도움을 주고, 죽어가는 사람들을 살리고, 끝내는 죽어가는 사람들을 가슴에 품었습니다. 그분의 행적은 수많은 사람에게 존경과 사랑을 받았으며 많은 삶에 영향을 미쳤습니다. 그녀의 모든 생애는 가난하고, 병들고, 무력한 사람들을 돕는 봉사에 바쳐졌습니다. 그녀는 몇 가지 문제에 대하여 비판을 받기도 했지만, 그녀의 말은 항상 강력했습니다.

그분은 헬렌 켈러 못지않게 사람들에게 감동을 주는 많은 명언을 남기셨습니다. 저는 헬렌 켈러와 마더 테레사를 알게 되어 지금의 일을 하게 되었다고 해도 과언이 아닙니다. 그분들의 삶은 제 인생의 커다란 전환점이 되었으며 작고 작은 전환점들이 모이고 모여져 더 큰 전환점을 만들곤 하였습니다.

테레사 수녀님께서 남긴 명언들

* 아프도록 사랑하면 아픔은 사라지고 더 큰 사랑이 남습니다.
* 허리를 굽혀 섬기는 사람에게는 위를 쳐다볼 시간이 없습니다.
* 그대 발길이 닿은 곳이라면, 그 어디라도 사랑을 전파하세요.
* 인생에서 가장 중요한 것은 많이 생각하는 것이 아니라 많이 사랑하는 것이다.
* 오늘 선을 실천하더라도 내일 잊혀질 수 있다. 그래도 오늘 선을 행하라.
* 가난한 사람은 어디에든 있지만, 가장 가난한 사람은 사랑받지 못하는 사람이다.

테레사 수녀님의 봉사 방향성은 한 방향 즉 "죽어가

는 사람들을 혼자 내버려 두지 않는 것"이었습니다. 그분은 가난한 사람들을 위해 청빈을 선택하고, 배고프고, 벌거벗고, 집이 없으며, 신체에 장애가 있고, 눈이 멀고, 질병에 걸려서, 사회로부터 돌봄을 받지 못하고 거부당하며 사랑받지 못하며 사회에 짐이 되고 모든 이들이 외면하는 사람들을 위해 일생을 사시다가 떠나가셨습니다. 그분이 남긴 말씀 가운데 "그대 발길이 닿은 곳이라면, 그 어디라도 사랑을 전파하세요."란 말씀은 제 인생의 큰 좌우명이 되었습니다.

엄마, 난 괜찮아!

남에게 폐를 끼치지 말고 도움이 되어주는 사람이 되어라

초등학교 2학년 때였습니다. 어느 날 어머니가 교통 사고로 돌아가셨다는 청천 벽력같은 소식을 듣게 됩니다. 죽음이라는 것이 뭔지도 모르고 있었던 아홉 살의 나이에 갑작스럽게 일어난 사고로 엄마를 잃게 된 것입니다. 당시 2남 4녀의 막내였는데 오빠 언니들은 모두 직장에 다니고 있어서 학교를 갔다 오면 혼자서 밥을 차려 먹어야 했습니다. 그러다가 3년 뒤 아버지마저 위암으로 돌아가셨습니다. 아버님께서는 누운 채로 내 손에 오백 원짜리를 쥐여 주시면서 "남에게 폐를 끼치지 않는 사람으로 살아라. 그리고 서로서로 돕고 살아라! 정희는 씩씩하고 용감하니까…" 하시며 마지막 말씀을 남기고 돌아가셨습니다. 어머니와 아버님이 돌아가신 이후에 시집갔던 큰언니도 같이 들어와 살면서 아버지의 말씀대로 우리 남매끼리는 서로서로 잘 돌보고 살기 시작했습니다.

부모님을 모두 잃은 우리는 서로 돕고 사는 것에 익숙해지면서 자연스럽게 누군가를 돕는 마음이 생기기 시작했습니다. 앞서서 말씀드린 것처럼 어린 시절에 즐겨 보던 만화영화 '요괴인간'을 시청하면서, 또 커가면서 알게 된 헬렌 켈러의 삶과 마더 테레샤 수녀님의 숭고한 봉사 정신을 만나면서 나도 그와 같은 삶을 살아야겠다는 마음이 이 시절부터 조금씩 마음속에 자리 잡게 됩니다. 그리고 아버지의 마지막 당부의 말씀대로 남에게 폐를 끼치는 삶을 사는 것이 아니라 남을 도와주는 삶을 살자! 고 굳게 다짐을 하게 됩니다.

언젠가 어버이날이었습니다. 학교 수업시간에 카네이션을 만들어서 부모님께 달아드리는 행사를 했습니다만 저는 달아드릴 수 있는 엄마와 아빠가 계시지 않는 것이 참으로 슬펐습니다. 그날이 되면 돌아가신 엄마, 아빠의 생각이 나서 얼마나 울었는지 모릅니다. 그래서 학교에서 돌아오는 길에 모르는 어르신을 붙잡고 "어버이날이니까 제가 꽃을 달아드릴게요!" 하면서 그분들의 가슴에 카네이션을 달아드렸습니다. 그런데 그분들이 참으로 좋아하시는 거예요. 그 모습을 보면서 저도 따라서 즐거워하고 기뻐했던 기억이 있습니다. 나는 나의 슬픔을 그분들께 달아드린 것이었는데 그분들이 즐거워하시고 기뻐하시는 모습을 보면서 아, 앞으로는 슬픔을 달아드릴 일이 아니라 진짜 기쁨과 행복을 달아드려야겠다 하는 마음을 먹게 됩니다.

그런데 문제는 나에게 어려운 일이 생기면 의논할 대상이 없었습니다. 그러다 보니 나에게 스스로 질문하고 스스로 대답하고, 스스로 실천하고 행동하는 데 익숙해지기 시작했습니다. 누가 괜찮으냐고 물으면 "그냥, 하는 일이예요."라고 대답했습니다. 돌봄은 하루아침에 되는 일이 아닙니다. 돌봄에 익숙해져야 합니다. 돌봄은 해보면 해볼수록 자연스럽게 됩니다. 돌봄과 베풂은 운동하기 위해 헬스장에 가는 일과 똑같습니다. 자꾸자꾸 해보아야 합니다. 그러면 아주 자연스럽게 익숙해져서 어려운 사람을 보게 되면 반사적으로 돕게 됩니다. 그러면서 저는 돌아가신 엄마에게 항상 말합니다.

"엄마, 난 괜찮아! 엄마, 나 잘하고 있지?"

내가 모두의 엄마가 될 거야!

돌봄은 익숙해져야 하고, 습관이 되어야 합니다

어려서부터 이렇게 서로서로 배려해주고, 보살펴주고 하면서 자라게 되니까 점점 더 돌봄에 익숙해지고 전문화되기 시작했습니다. 그렇게 익숙해지니까 돌봄이 자연스럽게 내 삶의 일부가 되고 습관이 되었습니다. 엄마의 부재가 서럽고 눈물 나는 것은 맞지만 오히려 엄마의 부재가 누군가를 돌보는 삶으로 바뀌어 가고 있었습니다. 그러면서도 언제나 마음속에는 엄마를 불러보고 싶은 마음이 꿈틀거리고 있었습니다. 진짜 엄마가 없으니까 친구 집이나 놀이터에서 엄마의 손을 잡고 가는 아이들을 볼 때마다 너무 부러웠습니다. 그러면서 속으로 "그래! 내가 모두의 엄마가 될 거야!", "난 잘해 낼 수 있어!" 하면서 혼자서 스스로 다독거렸습니다.

고등학교 때에도 집안이 어려운 친구들이 우리 집에

와서 먹고 놀고 자고 가기도 했습니다. 엄마는 요리를 정말 잘하셨고, 장구도 아주 잘 치셨어요. 대신 아빠는 샌님이셔서 엄마가 모든 생활을 도맡아 하고 계셨습니다. 엄마는 혜화동에 작은 가게를 차려서 반찬도 만들어 파시면서 우리 가족을 이끌고 계셨습니다. 나는 여장부 같으신 엄마를 닮아서 그런지 친구들이 오면 음식도 잘하고 잘 놀고 하니까 언니들은 내게 "너는 꼭 우리 엄마 같다."라고 말하곤 했습니다. 그렇게 잘 지내고 있던 친구 하나가 고등학교를 졸업하고 일찍 결혼해서 하와이로 떠나가고 서로 소식을 주고받다가 한동안 소식이 뚝 끊겼습니다. 그 이후 십여 년 이상 소식이 없다가 인터넷이 생기면서 그 친구의 딸이 '친구 찾기'를 통해 저의 딸에게 연락이 온 것입니다.

"엄마! 혹시 그 서○○이라는 친구 알아요?"

"내 고등학교 동창인데 왜?"

"그 친구가 엄마를 찾고 있대요. 그 친구의 말로는 엄마의 친구가 유방암에 걸렸다는 거예요."

그렇게 해서 그 친구와 전화로 연락이 되어 반갑지만 힘겨운 통화를 했습니다. 그 친구는 죽기 전에 꼭 한 번 나를 만나고 싶었다고 하면서 막 울기 시작했습니다. 어려웠던 고등학교 시절에 자기한테 도움을 많이 주었던 내가 생각났기 때문이었습니다.

그때 저는 생각했습니다. '다른 사람들과 따뜻한 마음 나누기', '더 가졌을 때 덜 가진 누군가에게 나누어주기', '화낼 상황에 웃음으로 다가가기', '다른 사람의 아픔을 내 아픔으로 여기는 일'을 목숨이 다할 때까지 해나가야 하겠다고 결심합니다. 그리고 그러한 사람다운 사람들로 이 사회가 가득하기를 진심으로 바랐습니다. 엄마와 아빠를 잃은 내 가족의 아프고 슬픈 역사가 오히려 저를 새로운 길로 한발 한발 걸어가게 해주셨으니 옛말 성인들의 말씀이 딱 맞았습니다.

"한쪽 문이 닫히면 다른 쪽 문이 열린다."

무엇을 하면서 살아야 할까?

죽음과의 세 번째 만남

저는 열여덟 살에 여자상업고등학교를 졸업했습니다. 그리고 퇴계로에 있는 ○○ 병원 총무과에 신입으로 입사를 하게 되었는데 원무과에 배치되지 않고 잠시 병원 장실로 발령을 받았습니다. 그곳에서 환자의 관리와 원장님의 수술 일정 그리고 환자와의 상담 일정들을 관리하는 것으로 병원 업무가 시작되었습니다. 그것을 시작으로 25년 동안 병원에서 근무하게 되었습니다.

어느 날이었습니다. 죽음이 얼마 남지 않은 암 환자분을 병실에서 만났습니다.

"나는 죽고 싶지 않아요. 나는 더 살고 싶어요. 이 세상이 이렇게 아름다운지 몰랐어요. 그런데 제가 떠나야 한다고 하네요. 보이는 것마다 소중하고 손닿는 것마다

다 사랑스럽네요."

저는 그 말씀을 듣고 난 다음부터 그분의 병실을 시간 날 때마다 들려서 그분의 말씀을 들어주는 말벗이 되어 드렸습니다. 그러다가 하루는 병실에 들렀더니 그만 돌아가시고 빈 침대만 있었습니다. 당시에는 죽음을 바로 앞둔 분에게 어떤 말을 해야 할지, 어떻게 위로를 드려야 할지 전혀 알지 못할 때였습니다. 그저 듣는 말벗이 되어 드리는 것으로 만족해야 했습니다.

그분은 마지막으로 이렇게 말씀하시고 떠나셨습니다.

"사람의 손길, 눈길 하나하나가 참 아름답고 감사하네요!"

어린 시절의 엄마와 아빠의 죽음을 일찍이 경험한 바 있었지만, 이제부터는 장애와 죽음에 대해서 보다 전문적이고 논리적이고 따듯하게 공부해야겠다는 생각을 하기 시작했습니다. 비록 그분과 잠깐의 만남이었지만 소외되고 어려운 사람들, 버려진 사람들에게 다정한 친구처럼 다가갈 수 있는 그런 삶을 한번 살아야겠다! 라는 생각을 하게 되면서 앞으로 내가 무엇을 하면서 살아야 할까를 깊이 고민하는 계기가 되었습니다.

사랑하는 마음을 갖고
작은 일부터

본격적으로 봉사의 길로 들어서다

1991년의 일이었습니다. 길음동의 길음종합사회복지관은 겨울철에는 길이 매우 미끄러워서 담벼락을 잡고 간신히 올라갈 정도로 가파른 산동네 안에 있었습니다. 당시에는 병원 문턱이 몹시 높아서 이처럼 꼬불꼬불한 산동네에 사는 사람들은 가난 때문에 쉽게 병원을 갈 수도 없었던 시절이었습니다. 저는 병원에 근무하면서 같은 병원의 의사분들에게 산동네 무료 의료봉사를 하자는 제안 드려서 열흘에 한 번씩, 의사들의 비번을 이용해 산동네를 기다시피 올라가서 무료 의료봉사를 본격적으로 시작했습니다. 의사가 진료할 때 옆에서 보조역할을 하고, 병이 깊어서 복지관까지 직접 오지 못하는 환자분들은 직접 집으로 찾아가서 방문 진료를 했습니다.

한 집에 갔더니 병색이 완연한 혼자 사시는 할아버지가 누워 계셨습니다. 의사가 진료를 막 시작하는데 그 할아버지가 갑자기 시커먼 피를 토했습니다. 그러니까 의사가 이대로 두면 큰일 난다고 해서 구급차를 불러서 싣고 가려고 하니 의사나 기사나 병을 옮는다고 할아버지를 업지 않는 것이었습니다. 그래서 제가 나라도 혼자 업겠다! 하고 업으니 옆에서 부축하고 해서, 간신히 구급차에 실어서 병원까지 왔습니다. 그리고 한 달 동안 입원시키고 퇴원하시는 날 내가 죽을 수도 있었는데 이렇게 다시 새로운 생명을 살 수 있게 해주셔서 너무너무 감사하다며 제 손을 잡고 눈물을 펑펑 쏟으셨습니다. 당시 제 나이가 앳된 30대 초였습니다. 아! 내가 마음만 먹으면 내 작은 힘이라도 그 사람에게는 정말 그 커다란 힘과 삶의 위안이 될 수 있겠구나 하는 것을 깨닫게 되었습니다.

병원에서 근무 하다 보니 각종 질병에 시달리는 아픈 사람들을 매일 같이 보게 되었습니다. 그중에는 정말 눈을 뜨고 볼 수 없는 화상 환자, 곧 돌아가시게 된 암 환자, 눈을 다쳐서 실명의 위기를 안고 들어오는 안과 환자, 노동현장에서 크게 다쳐서 들어오는 재해 환자, 교통사고로 피투성이가 되어 들어오는 환자들을 보면서 어떻게 하면 이러한 분들을 도와드릴 수 있나? 를 생각하게 되었습니다. 또 병원에는 이렇게 신체적으로 다쳐서 들어오는 환자 이외에 신장, 심장, 간, 위장, 콩팥 등의 장기 기관들의 손상을 입어서 들어오는 환자도 엄청나게 많았습니다. 이렇게 내부기관의 손상을 입고 들어온 환자들은 사실 중증 장애인 임에도 불구하고 일반 사람은 이분들의 아픔의 실체를 잘 모르고 있다는 것을 알게 되었습니다.

그래서 장애라는 것을 주제로 공부하기 시작했습니다. 장애라는 것도 정말 정확하게 올바른 이해하는 것이 중요했습니다.

인생은 다시 태어나기와
전환점에서 터닝을 잘해야!

'다시 태어나기(Born Again)'는 행운이 아니다
오늘을 열심히 살아가면 반드시 얻는 선물이다

일생 동안 기나긴 삶에 있어 누구에게나 한 번, 혹자는 수십 번의 기회가 찾아온다고들 이야기합니다. 그 기회를 기회로 받아들일 때 인생의 중요한 전환점을 맞이했다고 합니다. 바로 Born Again - 다시 태어나는 것입니다. 화가 '마르크 샤갈'(Marc Zakharovich Chagall, 1887-1985)은 그의 아내가 된 연인 '벨라'가 생일날 마을 근교를 돌아다니며 꽃을 꺾어 만들어 온 꽃다발 속에서 인생의 전환점을 맞아 평생을 꽃다발과 벨라를 그렸습니다.

마차 수리공인 아버지와 허드렛일을 하던 어머니 슬하에서 열두 형제가 살았기에 늘 가난에 허덕이던 교향

곡의 아버지 '하이든'(1732~1809)의 삶도 순탄치 않았습니다. 어려서부터 음악적 재능이 남달랐음에도 제대로 된 음악 교육을 받지 못했고, 친척 집에 얹혀살며 설움을 겪어야 했던 '하이든'은 인생의 큰 전환점을 맞이하게 됩니다. 슈테판 대성당의 음악감독 '게오르크 로이터'가 우연히 하이든의 노래를 듣게 된 것으로부터 세계적인 음악가가 되었습니다. 젊은 음악가의 재능을 알아보고 인생의 새로운 기회를 준 사람들이 없었다면 우리는 하이든의 아름다운 작품을 접할 수 없었을지도 모릅니다.

미국 헐리우드 역사상 가장 흥행에 성공한 감독 중 하나이며, 동시에 할리우드 영화 역사에 가장 큰 영향을 미친 영화감독 '스티브 스필버그'(Steven Allan Spielberg, 1946~)는 어릴 적 자신의 가족여행 기록을 위해 아버지에게 선물로 받았던 8mm 무비카메라를 받은 이후 영화감독이 되고자 하는 꿈이 이루어졌다고 합니다. 그는 1989년 한 잡지의 인터뷰에서 자신은 12살부터 영화감독이 되기로 마음먹었다고 한 바 있습니다.

미국의 전설적인 영화배우 오드리 헵번(Audrey Kathleen Hepburn, 1929 ~ 1993)의 이야기도 빼놓을 수 없습니다. 그녀는 영화계 은퇴 이후 유니세프와의 만남을 통해 제삼 세계의 오지 마을에 가서 가난한 아이들을 도와주었으며, 비록 5년간의 짧은 기간이었으나, 직장암 투병으로 세상을 뜨기까지 소말리아 등 굶주린 아이들이 있는 곳이면 어디든 달려가 마지막 불꽃을 태워 노년의 헵번은 세계적인 찬사를 받게 됩니다.

인생의 본보기가 되는 이야기는 끝이 없지만, 영국의 작가이자 세계에서 가장 유명한 탐험가이며 TV 프로듀서인 '베어 그릴스'(Bear Grylls, 1974 ~)의 삶도 빼놓을 수 없는 불굴의 극복 이야깃거리를 갖고 있습니다. 그는 군 복무 중 불의의 낙하산 사고로 척추가 세 조각으로 부러지면서 의가사제대를 한 후 몸이 기적적으로 회복되자마자 2년 만에 세계 최연소 에베레스트 정복으로 기네스북에 이름을 올린 인물이기도 합니다. 그뿐만 아니라 사하라 사막 횡단 등 세계 곳곳을 누비며 획기적인 탐험을 성공적으로 해낸 것으로 유명합니다.

어렸을 적 부모를 잃고 쓸쓸한 어린 시절을 보내는 동안 내게 다가온 헬렌 켈러와 마더 테레사의 삶은 그 자체가 내 인생의 등대이자 어두운 길을 밝혀주는 횃불이었습니다. 고등학교를 졸업하자마자 병원으로 취직된 것 모두가 내 삶의 터닝포인트가 되었습니다. 그것은 베풂과 사랑과 봉사라고 하는 연속된 한 방향에서 이미 지나간 성자들과 현재 이러한 봉사단체에서 자신의 삶을 송두리째 바치는 그들의 삶을 오롯하게 배우는 일이 곧 내 삶의 이정표가 되었습니다. 과거에 세습처럼 이어져 오는 '틀에 박힌 복지 방식'이나 불쌍하고 가엾다고 여기기만 하는 '고정된 장애인에 대한 인식'에서 시급히 벗어나는 것이 무엇보다 중요했습니다. 그리고 이러한 사회적 고민들이 보다 과학적이고 가슴으로 이해될 수 있는 새롭고 발전적인 시스템으로 변화하는 것이 필요했습니다.

엄마
는
괜찮아

싹은 꽃이 되고

여름

2

장애를 정확히 알고
정확히 돕자

나는
올라가면서 보지 못한 것을
내려오면서 보기 시작했다.
<황정희의 -하얀 목련- 중에서>

바람에게
장미를 물으니
꽃은 예쁘다 하고
가시는 무섭다 합니다.

이슬에게
장미를 물으니
꽃도 예쁘다 하고
가시도 예쁘다 합니다.

구름에게
장미를 물으니
꽃도 가시도
바람이고
이슬이라 합니다.

다시 바람에게
이슬에게 장미를 물으니
나도 꽃이고
나도 가시라 합니다.

<황정희의 꽃과 가시>

개미와 베짱이 우화의 재해석

우리는 <이솝우화>에 나오는 '개미와 베짱이'의 줄거리는 어린 시절에 재미있게 읽어서 누구나 잘 알고 있습니다. 이솝우화는 이렇습니다.

어느 여름날 들판에서 베짱이 한 마리가 마음껏 뛰어다니며 지저귀고 노래를 부르고 있었습니다. 그 옆에 개미 한 마리가 옥수수 이삭을 양팔로 안고 힘겹게 지나갔습니다. 베짱이가 개미를 불렀습니다.

"개미야, 이리 와서 나랑 노래 부르고 놀자!"

"나는 안 돼! 겨울을 나기 위해 음식을 준비해야 해!"

"왜 겨울을 걱정해? 저렇게 먹을 것이 많이 있는데?"

그러나 개미는 계속 일을 계속했습니다. 베짱이도 열심히 노래를 불렀습니다.

다 아는 이야기입니다. 옛날의 우화는 개미가 옳았습니다. 그런데 요즘에는 개미도 옳고 베짱이도 옳습니다. 왜냐하면, 베짱이도 열심히 노래 연습을 했기 때문입니다.

미국의 언론인이자 컬럼니스트인 토마스 프리드만(Thomas Friedman, 1953~)은 그의 저서 『세계는 평평하다((The World Is Flat)』에서 "엄청난 바람이 불 때, 바람 막을 벽(wall)을 쌓는 사람이 있는가 하면, 바람을 이용하여 풍차(windmill)를 만드는 사람이 있다."라고 기술했습니다. 세상의 흐름은 바뀌어서 쉬지 않고 땀 흘려 일만 하는 사람과 쉬지 않고 노래를 부르는 사람 모두 서로에게 도와주는 세상이 되었습니다.

장애인을 보는 우리도 과거와는 다르게 사고하고 행동해야 합니다. 무엇을 보완하고, 유지하고, 무엇은 버

릴지, 무엇에 적응하고 무엇을 채용할지, 어디에 노력을 기울이고, 어디에 우리의 관심을 집중해야 할지를 정확하게 파악해서 그것을 효과적으로 다루어야 합니다. 그렇게 하기 위해서는 우리에게는 더욱 높은 곳에서 넓고 크게 보는 새의 눈과 정밀하고 세밀한 곳까지 보는 과학의 눈과 해류의 흐름을 정확하게 파악하고 자신이 가야 할 곳을 정확하게 보는 지혜의 눈이 필요한 것처럼 장애인들이 현실에 효율적으로 대응할 수 있는 능력을 갖추어야 합니다.

내부장애인협회 설립하다

내부장애인 모르는 사람 너무 많아!

25년에 걸쳐 병원에서 행정업무를 보는 동안 무료 의료봉사를 하면서 참으로 슬프고 가슴 아픈 환경에 놓여 있는 사람들을 많이 보았습니다. 그러한 안타까운 장애인분들을 볼 때마다 특히 그 가운데 소수의 장애인이라고 해서 소외당하는 분들에게 반드시 새로운 활력을 불어넣어서 고통을 희망의 통로로 바꾸어주어야겠다는 생각에 밤마다 잠을 설칠 정도였습니다. 그래서 직장을 그만두고 마침내 2008년 내부장애인 재활 연합회를 만들고 그 이듬해인 2009년 내부장애인 협회로 단체명을 바꾸었으며, 2011년에는 공식적으로 비영리민간단체로 등록을 마치게 되었습니다.

내부장애인협회를 처음 설립을 할 때 참으로 걱정 어린 충고의 말씀들을 많이 들었습니다.

"너는 장애인도 아닌데 왜 네가 장애인협회를 설립하느냐?"

더구나 공무원조차도 장애인이 아닌 내가 장애인협회를 만든다고 하니 오히려 의아해하고, 어떤 사심을 갖고 만들고 있는 것이나 아닌지 하는 의심스러운 눈길을 보내오기도 했습니다. 그리고 또 일부 공무원들은 내부장애인이라고 하는 장애의 명칭을 잘 몰라서 "그런 장애도 있어요?" 하고 되묻기까지 할 정도였습니다.

내부기관 장애라고 인터넷 검색창에서 한 번만 검색을 해보아도 내부기관 장애가 무엇인지 알 수 있음에도 불구하고 많은 사람은 내부장애에 대한 상식이 거의 없었기 때문에 이러한 협회를 만드는 데 많은 어려움이 따랐습니다. 시각장애, 청각장애, 지체장애 이렇게 하면 금방 알아듣는데 당시에는 내부장애라고 하면 아무도 몰랐습니다. 대부분 사람은 신체적 장애에 대한 인식은 있었어도 내부기관의 장애는 그저 병에 걸린 환자로만 알고 있었습니다. 사람이면 누구나 비장애인이었다가 언제 어느 때 자신의 내부기관이 고장이 나서 치료하기 힘든 장애인이 될 수 있는데 그 가능성에 대해서는 무지할 정도로 무관심하고 둔감했습니다.

내부장애인의 어려움을 곁에서 지켜본다는 것은 쉽지 않은 일입니다. 예를 들면 요루나 장루를 앓고 있는 장애인은 괄약근이 조절되지 않아 인공항문을 통해 배변을 받는데 이분들이 대중교통을 이용할 때는 몹시 불편합니다. 그러나 겉으로는 병이 드러나지 않아서 자리를 양보받지 못합니다. 이 때문에 요루나 장루 환자들은 외출 시 배변이 넘치는 것을 우려해 밥을 굶기까지 합니다. 이분들이 겪는 고통과 그들을 품어주지 못하는 사회를 지켜볼 때면 마음이 몹시 아파서 협회를 설립한 후에 해야 할 계획을 단계적이고 체계적으로 세워서 지속해서 활동은 전개해나가기 시작했습니다. 장애인의 인권보장을 비롯한 내부장애인의 신체적 불편, 그리고 재정적 고통에서 벗어나는 방법을 찾고, 또 내부장애인들이 '보다 편안하고 적극적으로 기존 사회에 적응하는 방법'에 대해 알리고, '일반 사람들에게 이러한 장애의 경우에 적극적으로 대비해야 해야 하겠다.'라는 취지로 많은 활동을 전개해나갔습니다.

후원회원의 지원은 큰 버팀목

많은 사회사업 시설이 그렇듯 초기 후원회원들의 지원은 큰 버팀목이 됩니다. 협회를 만들고 많은 우여곡절이 있었습니다만 협회가 안정되기까지 마음으로, 경제적으로 많은 도움을 주신 초창기 분들이 있었습니다. 혼자 걸어가는 길, 누가 뭐라고 해도 꿋꿋하게 걸어가야만 하는 길에 때로는 익명으로, 때로는 힘겨워서 축 처진 제 어깨를 다독여주신 그분들이 계시지 않았더라면 지금의 탄탄한 내부장애인협회는 겹겹이 쌓인 어려움의 짐을 홀로 지고 가야만 했을 것이지만, k 회장님께서 언제나 그림자처럼 소리 없이 장애인들을 돕겠다고 하셨으며 그리고 많은 지인께서 내부장애인협회 설립 취지가 너무 좋고, 장애인에 대한 인식, 장애인 가족들에 대한 배려하는 일에 너도나도 동참하고 싶다고 하면서 설립 운영자금도 지원하여 주시고, 같이 봉사도 해주시는 분들이 점점 늘어나게 되다 보니 오늘날까지 성실하게 정성껏 협회를 이끌어오게 되었습니다.

 이 글을 통해 다시 한번 k 회장님과 많은 분께 진심으로 감사의 말씀을 전하고 싶습니다.

괜찮아! 다 잘할 수 있어!

스스로 일어나서, 스스로 걷고, 스스로 달리고

먼저 내부장애인들이 '숨지 않게 해야 한다.'가 제일 우선으로 해야 할 일이었습니다. 장애를 남에게 알리기 싫어하는 마음을 바꾸어야 했습니다. 마음을 긍정적으로 바꾸어야 교육도 받고 능력을 키워나갈 수 있기 때문입니다. 그래서 내부장애인의 실태를 먼저 조사하고 분석해서 예방방안을 모색하고 내부장애인에 대한 재활지원 사업과 복지지원 사업을 시작했습니다.

내부장애인이 받는 가장 큰 고통은 이해와 배려, 공감이 없는 몰이해의 '사회적 시선'입니다. 몇 년 전에 한국에서 한의사를 모시고 중국으로 가서 한국인과 중국 교포분들에게 의료지원을 했었습니다. 당시 그 지역 한국 교포들은 병원에 가고 싶어도 못 가는 2세, 3세 어린이들과 성인 약 30~40명을 진료해준 적이 있었습니다. 그

중에 장애가 있는 아이가 두 명이 있었는데 그 부모님들
이 저를 붙들고 하소연했습니다.

"다른 나라에 와서 장애인으로 살려 하니 가슴이 찢
어지는 것 같습니다."

우리나라에서도 장애인들을 키우려면 주변의 눈빛이
따가운데 특히 제나라도 아닌 다른 나라에서 장애 가족
으로 산다는 것은 정말 힘겨운 일이 아닐 수 없습니다.
장애아를 낳은 게 다 엄마 본인의 죄라는 생각이 드니
고통스러울 것은 자명합니다. 집안에 장애인이 한 명 생
기면 그 가족 전체가 장애 우울증에 걸리는 현상이 있습
니다. 그래서 저는 항상 이야기합니다.

"집안에 장애인이 생기면 가족부터 생각을 바꿔라!"

그 까닭은 얘는 장애니까 혼자 힘이 없어서 못 먹어!
내가 먹여줘야 해!, 너는 장애니까 내가 부축해줘야 해!,
너는 장애니까 나 없이는 못 해! 라고 하는 생각은 반드

시 교정되어야 하기 때문입니다. 만약 이런 방식으로 장애아를 키우게 되면 그 아이는 성인이 되어서도 평생 그렇게 남에게 의존하고 살 수밖에 없게 됩니다. 분명한 것은 장애라고 판정이 되고 장애를 안고 살아가야 한다면 이 세상의 엄마들은 모두 다음과 같이 바뀌어야 합니다.

"네가 스스로 일어나서, 스스로 걷고, 스스로 달리고, 스스로 모든 걸 해결해야 해, 너는 그런 능력이 있어!"

실제로 우리 한국 사회에서 장애인 가족을 들여다보면 엄마들이 다 먹이고 입히고 끌어안고 하는 것을 흔히 볼 수 있습니다. 저는 이런 현상을 매우 안타깝게 여기고 있었습니다. 그래서 협회에서는 장애인들에게 소리 없이 따뜻함을 전해주고 내가 너를 도와준다.! 이런 마음 없이 오직 따듯한 마음으로 다가서서 은은하게 도와주는 사회를 만들어가는 운동을 전개해나가고 있습니다. 그러한 행복 바이러스가 온 사회에 가득하기를 바라고, 국내뿐만 아니라 나아가서 국제적으로도 "너도, 나

도 다 괜찮아, 너도나도 다 잘할 수 있어!" 하고 서로 다
독거려주는 사회를 만들어가야 합니다.

정상적인 사회로 들어가라

인연이란 씨앗들과 만남입니다

사람과의 만남을 비유해서 인연(因緣)이란 말을 많이 씁니다. 옷깃만 스쳐 지나가도 인연이라고 흔하게 말하지만, 인연에는 더욱더 깊은 뜻이 담겨 있습니다. 인(因)이란 씨앗입니다. 만약 씨앗이 제대로 된 조건 즉 땅과 햇빛, 물과 공기와 영양분 등을 만나지 못한다면 결코 싹을 틔울 수 없습니다. 씨앗은 천년이 지나도, 만년이 지나도 맞는 조건을 만나지 못하면 그저 씨앗에 머물러 있을 수밖에 없습니다. 씨앗 그 이상도 그 이하도 아닙니다. 그러나 그 어떤 씨앗이라도 조건만 만난다면 싹이 납니다. 이렇게 씨앗을 싹을 틔울 수 있게 하는 조건들이 바로 연(緣)입니다.

설립된 내부장애인협회에서 해야 할 일은 다름 아닌 이러한 장애인들의 고통을 덜어주고, 비장애인과 어깨를 나란히 하고 당당하고 평등하게 사회활동을 할 수 있게 하는 바로 그 연(緣, 싹을 틔울 수 있는 조건)이 되어 주는 일이었습니다. 그래서 먼저 내부장애인들을 모시고 장애에 대한 인식개선 및 바꾼 교육과 함께 전문적이고 실용적인 컴퓨터 교육을 시작했습니다. 사회에서 필요로 하는 전문적인 컴퓨터 기술을 가르쳐서 사회에 곧바로 활용하게 하는 것이 절대적으로 필요했습니다.

교육을 시작하고 얼마 후에 50세 후반의 한 여성분이 교육을 받으러 오셨습니다. 그분은 '무연골형성증' 장애인이었습니다. 쉽게 말하면 난쟁이병입니다. 이 병을 갖고 계신 분들은 연골이 없으므로 140cm 이하의 키를 갖게 되고 연골이 없으므로 20세가 지나면 급격하게 노화되기 시작한다고 합니다. 그런데 하루는 이분께서 저에게 이런 말씀을 하셨습니다.

"내가 젊어서 임신을 했었는데 의사가 꼭 낙태를 시켜야 한다는 거야! 법이 그렇다고 하면서… 정말 눈물을 머금고 아이를 지웠어요! 나도 엄마가 되고 싶었는데

그리고 내가 난쟁이니 아이를 낳으면 안 된다고 생각하
다가, 우리 형제 모두는 정상인데 나만 이러니까 낳아도
될 수 있겠다는 생각을 했었거든요"

그분은 지금에 와서 생각하니까 너무 억울하고 애를
낳을 수 있었는데 낳지 못하게 되어서 너무 슬프다고 눈
물을 글썽이면서 우시는 것을 보면서 이분의 고통을 덜
어드리는 일은 무엇보다도 사회에 정상적으로 복귀하
고 또 남에게 도움을 받는 것에서 벗어나 남을 위해 좋

은 일도 할 수 있는 능력을 갖춰야 하겠다고 생각했습니다. 그렇게 해서 그분에게 2년 동안 전문적인 정보화 교육과 컴퓨터 교육을 받게 해서 자격증을 따게 도와드렸고 당당히 사회에 합류할 수 있게 자신감을 심어 드렸습니다. 지금도 그녀의 말이 귀에 맴돕니다. "나도 엄마가 되고 싶었어요."

삶의 지혜는 저마다의 능력을 키워나가는 것

장애는 넘어야 할 허들일 뿐!

장애인복지법에서 "장애인은 신체적·정신적 장애로 오랫동안 일상생활이나 사회생활에서 상당한 제약을 받는 자를 말한다."(법 2조 1항)라고 정의하고 있습니다. 신체적 장애와 정신적 장애는 장애인복지법 시행령을 통해 15가지 종류로 각각 구분되고 있습니다. 크게 3가지로 외부장애, 내부장애, 정신적 장애로 구분됩니다.

장애인은 보통 "신체 일부에 장애가 있거나 정신 능력이 원활하지 못해 일상생활이나 사회생활에서 어려움이 있는 사람"으로 알고 있으나 알기 쉽게 신체적으로 또는 정신적으로 결함이 있어서 일상생활과 사회생활에 불편함이 있는 사람이 곧 장애인이라 할 수 있습니다.

그러나 꼭 이렇게만 정의를 내릴 수 없습니다. 할 수 있는 능력이 있는데 게을러서 해야 할 일을 하지 않는다면 그 사람은 생각과 실천의 장애가 있을 수 있는 사람입니다. 친구들과 얼마든지 사이좋게 친하게 지낼 수 있는데, 언제나 사소한 시비가 붙어서 언쟁이나 폭력적으로 싸움을 하고 있다면 그것 또한 행동과 사고의 장애가 있을 수 있습니다. 핸드폰을 들고 있으면서도 그 활용법을 제대로 모른다면 그것 또한 IT 장애인일 수 있습니다. 이처럼 각자의 위치에서 자신의 능력으로 살아가는 사람은 정상인이지만 그것을 제대로 못 하는 사람은 비정상입니다. 허들선수가 훈련을 많이 하면 장애물에 걸려서 넘어지지 않듯이 장애인도 부단한 노력을 해서 스스로 능력을 키우면 자신 앞에 놓여있는 허들을 넘지 못할 까닭이 없습니다.

사람은 누구나 크고 작은 단점 즉 장애를 하나씩 가지고 있습니다. 그러나 반대로 장점이 없는 사람도 없습니다. 지금 예기치 않게 장애가 생겼다 하더라도 그러한 장애 때문에 위축감을 가질 이유가 없습니다. 장단점은 누구에게나 균등하게 있으니 서로 협력해서 살아가는 것이 삶의 지혜입니다.

세상은 정면으로 바라보아야!

장애인 강사가 된 2급 지적장애인

지적장애 2급 판정을 받은 20대 후반의 청년이 있었습니다. 본인뿐만 아니라 누나도 정신장애 2급이었습니다. 아버지는 병원에서 청소 일을 하고 계셨고 어머니는 당뇨 합병증을 몸져누워계신 상태였습니다. 그런데도 아버지는 열심히 일하셔서 지적장애와 정신장애 남매 모두를 무난하게 고등학교를 졸업시켰습니다. 그렇지만 고등학교를 졸업한 2급의 지적장애인이 취직할 곳은 많지 않았습니다. 하는 수 없이 매일 집에서 빈둥빈둥 놀고 있을 수밖에 없었습니다.

아버지가 하루는 저를 찾아왔습니다.

"매일 집에서 놀고 있는 우리 아이들을 어떻게 해서든지 일자리를 얻어주실 수 있겠습니까?"

아버지의 주름진 얼굴에서 지푸라기라도 붙잡고 싶고 그림자라도 품고 싶고 싶은 마음을 어렵지 않게 알아보았습니다만 아버지의 그 애잔한 눈빛을 바라보고 있으려니 참으로 안타깝기만 했습니다. 곧이어 그 청년을 만나서 상담을 해보니 지능지수는 70 정도에 불과했지만, 말귀를 어느 정도 알아들을 정도로 똑똑했습니다.

　"이 애를 한번 대학교의 사회복지과에 입학시킵시다."

　하고는 삼육보건전문대학교 사회복지학과에 입학시키고 2년 동안 저와 주변의 사람들의 도움으로 자랑스럽게 사회복지학과를 졸업했습니다. 지적장애 2급의 판정을 받은 젊은 친구가 드디어 대학을 졸업하게 되었습니다. 엑셀과 파워포인트도 능숙하게 다루어서 자격증도 소지하고 있었습니다. 그리고 인쇄소에 취직했습니다만 대화가 잘 통하지 않는다고 해서 회사를 그만두게 되었습니다. 그러나 지금은 한국장애인고용공단에 주관하는 장애인 인식개선 교육 시험을 통과하여 공식적인 장애인 강사가 되어서 1년에 100여 개의 강의를 맡고 있습니다. 이런 아들을 보는 아버지는 참으로 아들이 자랑스럽게 대견스러워했습니다. 인간 승리였습니다.

이 젊은 강사의 강의를 들은 한 아주머니가 이 청년의 손을 잡고 눈물을 글썽이면서 이렇게 말했습니다.

"나도 장애인 아들을 두고 있는데 젊은 청년을 보니 정말 대견해요. 우리 아들도 강사님처럼 되게 해주세요."

그 친구의 누나도 설득했습니다.

"네가 좋아하는 것이 무엇이니?"

"저, 미용학교에서 미용을 배우고 싶어요."

그래서 누나는 미용학교를 졸업하게 했습니다. 그런데 미용학교를 졸업한 그녀가 하루는 저를 찾아와서 막

무가내로 울었습니다.

"미용학교를 졸업했으면 즐거워야지, 왜 우니?"

"저는 자격증을 안 준대요. 제가 정신장애가 있다고… 엉엉"

사회에서 정신장애를 가진 친구가 가위를 들고 있으면 머리 자르다가 사람을 상하게 할 수도 있으니까 그럴 수 있었습니다. 그 이야기를 들으면서 참으로 마음이 아팠습니다.

서둘러야 했습니다. 교육을 받은 장애인들이 적재적소에서 자기 일을 눈치를 보지 않고 사회를 정면으로 바라보면서 당당하게 일할 수 있는 일자리를 만들어 내거나 취직을 제대로 시켜주는 일이 급선무였습니다.

시각장애인 클라리넷 연주자 1000일의 꿈

지금은 다른 이를 즐겁게 해주는 행복한 연주자

클라리넷 연주자의 이야기입니다. 이분은 음악공부를 하기 위해서 아내와 함께 독일로 유학을 다녀오신 분이어서 귀국한 이후에는 오케스트라 단장을 겸임하면서 연주도 하고 그랬습니다. 그런데 어느 날 갑자기 시력이 나빠지기 시작했습니다. 결국, 점점 악화하여 작은 동전 하나만 겨우 알아볼 수 있을 정도로 나빠졌습니다.

어느 날 협회로 그분에게서 전화가 왔습니다. 마침 제가 있을 때여서 직접 받게 되었습니다.

"저는 장애인인데 혹시 장애인 강사를 구하십니까?"

"예, 그런데 무슨 장애를 갖고 계셔요?"

"시각장애인입니다. 그런데 저 클라리넷 연주자입니다."

"그럼 내일 우리 사무실에 찾아오실 수 있나요?"

"네, 찾아갈 수 있습니다. 시각장애인을 위한 핸드폰 앱이 있습니다."

다음 날 택시에서 내려서 하얀 지팡이를 짚고 오시는 그분을 만나서 그동안 그분에게 일어났던 많은 이야기를 들었습니다. 그는 망막색조변조증이라는 시각장애를 갖게 되었습니다. 망막색소변성증의 초기 증상은 어두운 곳이나 밤에 사물을 잘 보지 못하는 야맹증이 나타나기 시작하다가 점차로 시야가 희미해지고, 결국은 시각세포가 손상되면서 점차 시야가 좁아지며, 끝내 시력을 잃게 되는 병이었습니다. 그분께 제가 물었습니다.

"어떻게 저희 내부장애인협회를 아시게 되었어요?"

그는 대학에 막 들어간 딸에게도, 그리고 아내에게도 부담을 주기 싫어서 아내와 이혼을 한 다음 죽음을 선택하고 고향에 있는 산을 찾았다고 합니다. 처음 장애가 되었을 때는 너무 창피하고 자기에게 왜 이런 시련을 주는 것인지 세상의 모든 것이 원망스러웠다고 했습니다. 그래서 기차역에서 내려서 죽기 위해 산 쪽으로 갔는데 그날따라 산에 사람이 너무 많아서 죽을 수가 없었다고 합니다. 그래서 오늘은 죽을 수 없는 날인가보다 하고 내일 다시 와야 하겠다! 하면서 내려왔는데 기차역에 생명의 전화가 걸려 있었더랍니다. 그래서 그곳에다 전화하니 서울에 올라오면 좋은 일이 있으니 바로 올라오라고 했답니다. 주머니를 털어보니까 기차표 빼고 딱 2천원만 남았다고 합니다.

생명의 전화 직원은 고시원 하나를 얻어주고 음악을 전공하셨으니 일을 한번 찾아보자고 하면서 여기저기 한두 군데 전화하고 찾아갔더니 모두 다 시각장애인이라고 써주지 않았다고 합니다. 그리고 마지막으로 한 번 만 더 전화해서 여기서도 안 써주면 정말 이 세상을 떠나야지 하면서 전화를 했는데 마침 제가 받았으니 참으로 다행이었습니다.

지금은 저와 함께 직장 내 장애인 인식개선 교육을 함께하는 파트너 강사가 되었습니다. 제가 강의를 할 때 그분에게 20분 정도 강의시간을 주었습니다. 제가 강의를 할 때 사람들에게 평온한 마음을 갖게 하려고 그분은 클래식도 들려주고 또 연주해주는 멋진 한 쌍의 파트너가 되었습니다. 그래서 그분도 저도 새로운 스타일의 강사로 새롭게 태어났습니다.

"당신의 꿈이 뭐예요?"

"딸이랑 제가 음악공부를 하던 독일로, 비엔나로 함께 여행을 떠나는 것이 꿈이에요! 독일 유학 시절 제가 어렵게 공부했던 곳, 음악공부를 위해 발버둥 치며 아르바이트했던 곳, 그곳을 함께 여행하면서 아버지의 살아온 인생을 딸에게 꼭 보여주고 싶습니다. 이제부터 강의를 열심히 해서 꼭 그 희망을 이루겠습니다. 그래서 당당한 아버지를 보여주고 싶습니다."

그리고 덧붙였습니다.

"사랑하는 딸아! 아빠 괜찮아!"

제가 말했습니다.

"자! 그러면 우리 1000일을 약속합시다! 강의 천 번을 하면 일억 원이 생긴답니다."

이렇게 해서 죽음을 목전에 두었던 클라리넷 연주자는 다시 새로운 삶을 시작하기로 하고 자그마한 체구에 검은 안경을 쓰고 클라리넷 악기를 어깨에 둘러멘 채 지난해에도 장애인들을 위해 열심히 연주했고 올해에도, 미래에도 열심히 해서 마침내 사랑하는 딸과 유럽으로 음악 여행을 하는 꿈을 이루게 될 것입니다. 우리는 다

똑같이 다 누구나 꿈을 갖고 행복하게 살아갈 권리가 있
고 그렇게 할 수 있는 능력을 이처럼 저마다 갖추고 있
습니다.

간과 신장을 이식받은
노래하는 강사

"제가 노래 한 곡 할까요?"

장애인 교육을 받으러 와서 갑자기 노래를 부른다고 하니 강의를 받으러 오신 분들이 모두 의아해하십니다. 이분은 간과 신장을 이식받은 내부장애인 강사인데 노래하는 강사입니다. 한때는 청춘합창단의 멤버로 전 세계 위문 공연을 다니며 국내 여러 곳에서도 많은 초청을 받고 공연을 해오던 분이었습니다.

"저는 간과 신장을 이식받은 장애인입니다. 겉으로는 멀쩡해 보이죠. 저는 제가 장애인이 된다는 것을 꿈에도 생각하지 못했던 일입니다. 저는 3년 동안 복막 투석하다가 간암까지 겹쳤습니다."

복막투석이란 신장이 손상되어 자체적으로 수분 및 노폐물을 배설하지 못하는 만성신부전 환자에게서 발생하는 전신 부종이나 폐부종 그리고 전해질 장애, 요독증을 치료하기 위해 하복부에 관을 삽입하고 이 관을 통해 수분 및 노폐물을 제거하는 방법입니다. 거기에다 암까지 겹쳐서 생사를 가늠할 때 고맙게도 이분의 조카 두 명이 간과 신장을 이식해줘서 기적처럼 다시 태어났습니다.

이렇게 내부장애는 아무 예고도 없이 인생을 모든 삶을 흔들고 바꾸어 놓습니다. 이분도 어느 날 죽으려는 마음조차 먹었지만, 사랑하는 아내와 딸들을 생각하니 차마 그럴 수가 없었고 혼자서 많은 방황과 고심으로 긴 시간을 보내야 했습니다. 우연찮은 기회에 지인의 추천으로 어렵게 용기를 내어 장애인 강사 자격증을 따고 지금은 노래하는 장애인 강사로 활동하고 있습니다.

이분들이 공통으로 강조하는 것은 살다 보면 여러 가지 후천적 장애를 갖게 되는데 내부기관 장애는 사전에

식생활 습관 조절을 비롯하여 수칙을 잘 지키면 반드시
예방할 수 있다는 것입니다.

"건강은 건강할 때 지키세요."

맞습니다. 여러분의 건강은 그 누구도 대신해 줄 수
없으니까 꼭 자기 자신의 건강을 스스로 챙겨서 절대로
내부기관의 손상을 가져오지 않도록 해야 합니다.

웃는 얼굴 그려주고
행복한 가족사진 찍어주기

행복한 모습을 추억으로 간직
사랑은 웃음이고, 웃음은 나눔의 행복입니다

어느 날인가 장애인분들이 사진 찍는 걸 싫어한다는 걸 알았습니다. 비장애인 가운데에서도 사진 찍기를 정말 싫어하는 사람들이 있습니다. 또 별난 아이들은 사진을 찍으려면 짜증을 내거나 신경질을 부리는 등 이해하지 못하는 행동을 합니다. 장애인이면 더욱 그러할 것이라는 쉽게 수긍할 수 있습니다. 비장애인이나 장애인이나 사진 찍기 싫어하는 문제는 자존감에 대한 인식 부재가 그 원인이었습니다.

옛 우화에 다음과 같은 이야기가 있습니다.

옛날 옛적에 한쪽 눈만 있는 왕이 있었습니다. 그는

자신의 모습을 가장 멋지게 그리는 이에게 큰 상을 내린다고 백성들에게 널리 알리게 하였습니다. 많은 화가가 물밀 듯이 몰려와 왕을 그리기 시작했습니다. 그런데 왕은 다 그려진 자신의 초상화 그림을 보고 화가들을 한 명씩 죽이기 시작했습니다.

"내가 애꾸냐, 내가 병신이냐?" 하면서 자신의 모습에서 한쪽 눈만 그린 화가들을 계속 죽이기 시작했습니다.

그러던 어느 날 이름도 없는 한 무명 화가가 자기가 왕을 그려보겠다고 나섰습니다.

"폐하! 제가 폐하의 멋진 모습을 한번 그려보겠습니다."

한 화가가 자기 죽음을 각오하고 왕의 초상화를 그려보겠다고 나서자 왕은 고개를 갸우뚱하면서 "네가 정 죽기를 원한다면 한번 그려보아라."하고 허락했습니다. 며칠이 지난 후에 왕이 그가 그린 그림을 보게 되었습니다. 그리고 많은 백성 앞에서 이 그림을 입이 마르도록 극찬했습니다.

"이 화가는 내 왕국에서 최고의 화가다!"

백성들은 어리둥절하며 그가 그린 왕의 초상화를 구경했는데, 그림 속 왕의 눈은 멀쩡하게 두 눈이었습니다.

저는 이 우화를 읽고 나서 무릎을 쳤습니다.

"아, 맞아! 장애인의 모습을 있는 그대로 보여주는 것이 아니야! 그들이 가진 가장 아름다운 모습을 찾아내는 거야!"

비장애인도 자존감이 없을 때는 사진 찍기를 싫어하는데 장애인이 사진 찍기를 좋아할 리가 없었습니다. 불편한 모습을 그대로 그리는 것이 아니라 웃는 모습을 찾아내야겠다는 생각을 하고 난 다음 사진작가와 일러스트 작가님, 그리고 캘리커쳐 작가님들과 함께 장애인들의 가엾은 모습이 아닌 행복하게 웃는 얼굴을 찾아 사진도 찍고, 초상화 그림을 그리고, 캘리커쳐를 그리는 행사를 계속해 나갔습니다.

자신의 웃는 얼굴을 본 장애인들이 행복해하는 모습을 보면서 "아, 사랑은 웃음이구나! 사랑은 웃음의 나눔이구나!" 하는 것을 가슴 깊이 새기게 되었습니다. 그리고 3~4년 동안 이 행사를 계속해 나갔습니다만 안타깝게도 코로나 19로 팬데믹 상황에 부닥치게 되어 행사는 중단되었습니다.

코로나 19 상황이 진정되면 반드시 이어가야 할 장애인의 '웃는 얼굴 그려주기'와 '행복한 가족사진 찍어주기'입니다.

사랑은 끊임없이 풀어내는 실타래

중국 시안시 나환자촌에서 아픔을 안아보다

중국 산시성(陝西省)에는 역사적인 도시 시안(西安)이 있습니다. 현재의 명칭은 시안이나, 이 도시의 옛 이름은 장안(長安)으로 실크로드의 시작점이기도 합니다. 이 도시의 인구는 2017년 기준 1,200만 명으로, 최근 급격한 개발로 인구가 매우 빠르게 늘어나고 있는 도시입니다. 진나라 당시의 군사의 모습을 한 병사와 말 등 테라코타 모형(병마용)이 8천 점이나 발견된 진시황의 무덤(진시황릉)이 있는 곳입니다.

이곳에 나환자촌이 있습니다. 시안에서 동남쪽으로 150km 떨어진 섬서성 상락시 지역은 민가조차 찾아볼 수 없는 외진 산골인데 중국 정부에서 특별히 관리하는 빈곤 지역으로 오래전부터 나환우촌으로 잘 알려진 곳입니다. 이곳에서 한국의 한 의사 부부가 은퇴하고 의료봉사를 한다는 소식을 우연히 듣고 북경한인회장님과 연결되어서 그곳에서 필요한 물건들을 한국에서 사서 그곳을 방문했던 적이 있습니다.

당시 방문한 곳은 산속에 한 육십여 명 정도가 격리되어 있던 곳이었습니다. 그곳에서 모여 살다가 죽게 되면 바로 그곳에서 화장했습니다. 그 사람들은 방마다 한 사람씩 넣어두었습니다. 우리는 그 사람들에게 물품만 전달해주고 오기로 하고 갔었는데 창문에 얼굴을 내밀고 있는 사람들의 눈빛이 너무 슬프고, 인간을 그리워하는 애처로운 눈빛이 보이는 것을 보고 차마 발걸음을 돌릴 수 없었습니다.

같이 간 일행이 북경한인회장님을 포함해서 다섯 명이었는데 그분들께 양해를 구하고는 다시 들어갔습니다. 그곳에는 사람들의 살이 썩거나 곪아서 냄새가 사나웠습니다. 그곳에 들어가서 팔이 휘고 구부러진 한 할머니가 계신 곳에 들어가서 가슴으로 안아주었습니다. 또 손가락 하나가 빠져버린 할머니의 손을 잡아 드렸습니다. 그렇게 사람마다 안아주고 잡아주었습니다. 그렇게 해드리니 할머니 할아버지들이 웃으며 너무너무 좋아하는 것이었습니다. 어떤 할머니는 가슴에 안겨 막 울기도 하셨습니다. 이렇게 하고 밖으로 나오니까 일행들이 옮으면 어떻게 할 거냐? 정말 괜찮나? 하면서 물었습니다. 저는 웃으며 대답했습니다.

"내가 여기서 이 사람들을 만지고 안아줘서 이 병을 옮아서 죽어야 할 운명이라면 네! 죽어야죠! 나는 그런 것은 두렵지 않습니다."

그랬더니 한인회장님께서 "이곳에 봉사자들이 많이 오긴 했지만, 그 사람들을 잡고 품어주는 당신 같은 분은 처음 봤습니다." 했습니다.

"회장님! 사랑하는 마음이 있으면 그런 악취도 다 맡을 수 있어요." 하고 웃었습니다. 그곳에서 나를 바라보는 그들의 인간에 대한 간절함과 인간을 그리워하는 마음과 눈빛을 결코 잊을 수 없습니다. 앞으로도 항상 잊지 않고 그분들의 눈빛을 품고 또 품을 것을 마음속으로 굳게 다짐하고 다짐했습니다. 사랑은 끊어짐이 없이 끝없이 풀어내는 실타래와 같습니다. 사랑이 없으면 절대로 누군가를 내 품에 안을 수 없습니다.

세상을 누워서 보는 어린 천사

사랑은 물 흐르듯 마음이 가는 대로

내부장애인협회에서는 국내뿐만 아니라 국외에서도 장애인 돕기를 하고 있습니다. 2018년 네팔의 자폐, 정신, 지체 장애 아이들을 보살펴주는 장애인 시설에 갔었던 때의 일입니다. 네팔은 빈곤으로 몹시 어려움에 부닥친 곳이 많았습니다. 그 시설에 갔더니 자폐증 아이들이 모두 맨바닥에서 누워서 자고 있었습니다.

바닥에 한 아이가 누워있었는데 머리만 유독 무척 컸습니다. 머리만 커지는 병을 수두증(水頭症) 또는 물뇌증(Hydrocephalus)이라고 합니다. 이 병에 대하여 동의보감에서 언급된 설명을 살펴보면 그 원인을 3가지 정도로 언급하고 있는데 그 첫 번째가 아기 때 젖을 정상적으로 먹지 못해서 얻는 병이라고 예를 들고 있습니다. 말하자면 영양공급을 제대로 공급해주지 못해서 얻는 병입니다.

머리가 몸보다 크니까 일어날 수도 없고 자유롭게 걸어 다니지도 못하는 병입니다. 누워있는 아이의 눈빛은 참으로 슬프고 애절했습니다. 곁에 앉아서 안아주려고 목 뒤로 손을 넣어보니 더위에 땀을 너무 많이 흘려서 살집이 완전히 물러 있고 목 뒤에 고름이 심하게 흐르고 있는 상태였습니다. 그 순간 나는 너무나 가슴이 시리고 그만 눈물이 핑 돌았습니다.

씻기지도 않아서 아이의 몸에서는 쓰레기 썩는듯한 냄새가 진동했습니다. 저는 살며시 그 아이를 끌어안아서 흘러내린 땀을 닦아주고 안아주었습니다. 그랬더니 어린아이가 저를 보고 방긋 살포시 웃는 것이었습니다.

"이래서 사랑이라고 하는구나! 사랑이 없으면 이 일은 아무도 할 수 없구나!", "사랑이 없이는 아무것도 끌어안을 수 없구나!"

세상의 모든 나무는 자기가 먹으려고 자신의 열매를 키우지 않습니다. 자신이 만든 열매를 누구나 따먹으라고 열매를 만들어 주고, 꽃도 자신이 만든 향기를 맡으려고 향을 만드는 것이 아니라 모든 자연을 위해 향기를 만들듯, 우리의 인간들도 자신만을 위한 삶이 되어서는 결코 안 될 것입니다. 아무리 좋은 향기를 지닌 꽃이라고 해도, 바람이 부는 날이면 그 향기는 바람 따라가기만 할 뿐이지만 사람이 베푸는 사랑의 향기는 아무리 세고 거센 바람이 불더라도 바람의 방향과 상관없이 온 방향으로 퍼집니다. 코로나 19 바이러스는 자신만을 살기위해 일시적으로 전 세계를 마비시켰습니다만 우리가 스스로 만든 향기로운 행복 바이러스는 머지않아 전 세계의 사람들을 모두 행복하게 만들어 줄 것을 의심치 않습니다.

사랑의 철학은 내가 사랑을 주었을 때 그 사람이 그 사랑을 느낄 수 있을 때까지 베풀어야 합니다. 사랑은 던져주고 가는 것이 아닙니다. 사랑은 그것을 느낄 때까지 주어야 그것이 진정한 사랑이 됩니다.

세계장애인의 날 유엔본부에서
장애인공연단과 함께 공연

공연 주제는 Mommy, I'm OK!(엄마, 나 괜찮아!)

2019년 뉴욕에 있는 UN 본부에서 각국 대사님들이 모여 '세계장애인을 위한 회의' 중에 한국의 장애인을 대표하여 "엄마, 난 괜찮아!"(Mommy, I'm OK)라는 주제로 저희 내부장애인협회가 주관하여 유엔본부 안에서 공연한 바 있습니다. 그 날 저녁에는 주유엔 대한민국 대표부에서 각국에서 온 장애인들과 세계 각국의 대사들 및 초청된 인사들과 함께 장애인공연단의 멋진 공연과 만찬을 하며 모두가 하나가 되는 아름다운 자리였습니다.

저는 이날을 위해 2019년 4월부터 (주)유엔 대한민국 대표부에 유엔이 정한 '세계 장애인의 날'(12월 3일)에

"내부장애에 대한 인식 전환"을 주제로 UN에서 공연할 수 있게 초청해 달라고 공식 서한을 보냈습니다. 그러나 보낼 때마다 번번이 수락되지 않았고, 곤란하다고 하는 답변만 돌아왔습니다. 그러나 저는 포기하지 않고 계속해서 대표부에 메일을 보냈습니다.

그러던 중 10월 즈음에 공연 스케줄을 확정하는 회의를 할 것이니 기다리라는 답변이 왔습니다. 그리고 이어서 다른 나라 공연 팀들과 함께 우리 (사)내부장애인협회도 공연할 수 있다는 반가운 서한을 받게 되었습니다. 그래서 우리는 '허드슨 문화재단' 김자혜 대표님을 통해 '뉴저지 밀알 선교단'의 장애인으로 구성된 공연 팀들과 함께 그해 12월 2일 뉴저지 시청공연, 12월 3일 유엔본부 공연을 하게 되었습니다.

나는 이 초청 서한이 올 때까지 4월부터 한주도 빼지 않고 "된다.! 된다. 된다.!"라는 기도를 열심히 했습니다. 세상을 살다 보면 내 개인을 위한 일은 금세 이루어지지 않아도 모두를 위한 염원은 절대 포기되지 않고 꼭 이루어진다는 믿음이 있기 때문이었습니다.

시작부터 안 된다는 답변만 오고

"내부장애인협회는 안됩니다."

"내부장애인협회가 국제적인 행사를 해온 어떤 모델 사례나 경험이 있습니까?"

사실 내부장애인 협회는 그러한 커다란 행사를 해본 적이 없었습니다. 그러니까 안 된다는 답변만 계속 들어야 했습니다. 그런데 저희 (사)내부장애인협회는 이미 유엔글로벌컴팩트(UNGC, United Nations Global Compact)의 회원으로 등록이 되어있었습니다. 유엔글로벌컴팩트는 유엔(UN)과 기업 간 협력을 통해 유엔이 추진하고 있는 지속균형발전에 기업들의 동참을 장려하고 국제사회윤리와 국제환경을 개선하고자 발의한 유엔 산하 전문기구입니다. 현재 UNGC에는 세계 160개국에서 15,000개의 기업과 사회단체들이 가입되어 있으며, 그 최고 의장은 반드시 유엔 사무총장이 겸임하게 되어있습니다.

당시에 유엔 사무총장은 반기문 총장이었습니다. 생긴 지 불과 10년밖에 안 된 협회에서 유엔 국제 장애인의 날에 한국 장애인을 대표하여 공연하겠다고 연일 서한을 보내오는데 선뜻 허락할 리도 없었지만, 내부장애가 무엇인지? 그러한 장애인을 위해서 각국의 사회적 제도가 어떻게 바뀌어야 하고, 또 장차 그러한 장애를 갖지 않도록 하는데 필요한 교육은 어떻게 해야 하는지를 국제적으로 알리고 싶었습니다. 그것을 위해 우리 내부장애인협회를 초청 해 달라 하고 요청하니 (주)유엔 한국대표부가 선뜻 허락해줄 리가 없었습니다. 그러나 문은 계속 두드리면 반드시 열리게 되어있다는 것을 저는 알았습니다.

사진작가와 허드슨문화재단 대표님, 그리고 저를 후원해주시는 모 기업 대표님과 당장 미국으로 날아가 뉴욕에 있는 밀알 심장재단과 연계를 해서 공연 팀을 구성할 터이니 허락을 해달라고 부탁을 했습니다. 그 결과 국제 장애인의 날이 열리는 두 달 전인 10월에 드디어 공연 허가가 났습니다.

그래서 12월 3일 유엔에서 국제 장애인의 날에 저희 내부장애인협회가 주관하여 유엔본부에서 '한국장애인의 사랑'을 위한 아름다운 공연을 뉴저지 밀알장애인선교단과 정혜선 한국전통예술원,한국글로벌예술원(대표 김자혜)이 합동으로 장애인과 '장애인을 사랑하는 비장애인'이 하나로 어울리는 전통국악공연이 펼쳐졌습니다.

"음악 안에서, 예술 안에서, 사랑 안에서는 장애가 없다"라는 것을 주제로 한국의 장애인들이 부채춤과 농악을 통하여 "모든 사람은 아름다운 영혼을 가진 존재"임을 선언하는 감동의 콘서트가 UN을 통해 세상과 소통하는 데 큰 역할을 했습니다. 이외에도 유니온 시청 뮤지엄(Union City Museum in New Jersey)에 초청받아 공연을 진행했습니다.

그날 Brian P.Stack 상원의원에게는 '장애인과 비장
애인의 화합'을 연출한 공연에 대한 보답으로 뉴저지 공
로 표창장을, 그리고 뉴저지 시장은 황송하게도 '올해의
한국인 상'의 주었습니다. 그날에 공연해준 모든 분, 그
리고 그 공연을 아름답게 봐주신 모든 분에게 이 자리를
빌려 진심으로 감사드리며, 장애인은 비장애인을 품고,
비장애인은 내면적 장애를 스스로 자각하며, 세계의 모
두가 하나로 화합하는 '지구촌 평화'를 염원하면서 한국
의 장애인복지와 인권을 세계장애인들과 교류하는 '아
름다운 빛'이 될 수 있도록 많은 협력자와 함께 봉사할
것입니다.

싹이 열매를 맺는

가을

3

삶의 복지 철학 일곱 가지

사랑은 철 따라 맺는 열매와 같아서
누구나 그 열매를 거둘 수 있고
누구나 먹을 수 있습니다.

- 마더 테레사-

새벽에 소리가 있어 창문을 열고 보니
· 그곳에는 길이 있고 낙엽이 있고
비가 있었습니다.

그 길은 내가 지나온 길이었습니다.
힘겨운 노래도 들려오고
아픔도 들려오는 지나온 길이었습니다.

다시 돌아가기엔
너무 많이 온 길입니다.

그러나 꿈처럼 앞으로 앞으로만 가는 길
그 위에는 낙엽도 있고
꽃도 있고 향기도 있고
바람도 있고 구름도 있는 길입니다

사랑하는 그들과 함께
앞으로 가야 하는 길만 있습니다.
여전히 창밖에는 비가 오지만
사랑의 열매를 달고 있는
풍성한 가을이 있습니다.

\<황정희의 꿈길\>

1. 복지는 구걸이 아니라 경영이다.

복지는 구걸이 아닙니다.
반드시 홀로서기를 해야 합니다

　복지와 경영은 서로 어울리는 개념이 아닙니다. 그런데 왜, 이제부터는 단순한 복지가 아니라 복지경영일까요? 그것은 후원해주는 예산만으로 NPO(비영리민간단체, Non-Profit Ogarnization)를 운영하는 것은 간단히 말해서 밑 빠진 독에 물을 붓는 격과 같기 때문입니다. 어려움을 호소하고 사람들이 도움의 손길만을 바라는 것은 구걸과 구분하기 어렵게 됩니다. 이제부터 생각을 바꾸어야 할 때입니다.

　복지에서 중요하게 여기고 있는 '인간의 가치' 및 '그

존엄성'과 함께 '기관과 조직을 어떻게 효율적으로 운영할 것인가?' 하는 것을 중점으로 하는 경영이라는 새로운 관점에 눈을 돌려야 합니다. 바로 복지경영입니다. 복지를 단순히 경영적 측면으로 본다면 이윤 적 측면이 가미되어서 서로 상충적일 수 있습니다만 늘 다른 사람들에게 손을 내밀고 있는 고전적이고 고정된 복지의 틀에서 하루빨리 벗어나야 자율성과 창의성을 발휘하면서 홀로서기를 이룰 수 있습니다.

소외계층은 물질적 궁핍보다는 사회적 냉대, 외로움 등으로 더 어려움을 겪고 있습니다. 법으로 보호받고 있는 대상자가 있지만, 보호받지 못하면서 어려움을 겪고 있는 대상자는 더 많습니다. 전자는 굉장히 어려운 사람으로 법적으로 분류하고 있지만, 실제 방문해보면 그렇지 않은 경우도 종종 발생합니다. 그에 반해 법으로 보호받지 못하는 대상자들에게 더 관심을 가지려면 법으로 정한 테두리 밖에 있는 장애인들을 위한 특단의 조처를 하여야 합니다. 그렇게 하려고 벌이는 일회성인 행사나 일시적인 반짝 이벤트로는 서로에게 감동을 주지 못합니다.

이처럼 경영적인 마인드를 복지에 도입하는 데에는 이론의 여지가 없지만, 그 방법론이 문제입니다. 지하철 역사만 봐도 종전에는 매표소가 '표 파는 곳'으로 되어 있었지만, 지금은 '표 사는 곳'이라고 표기돼 있듯이 모든 것이 서비스 제공자 중심에서 장애인 만족 차원으로 복지단체들이 접근해야 합니다. 예를 들어 한 대상자를 세 사람이 봉사하는 '3겹 봉사'와 같이 대상자들의 마음의 문을 활짝 열게 하도록 물질적 영역보다는 인간적이고 진실한 쪽으로 경영의 틀이 바뀌어야 합니다.

다르게 생각하라

내부장애인 협회도 다른 기관과 차별화되어야 한다고 생각해서 유엔에서 공연도 하고, 중국 나환자촌 무료 의료봉사도 하고, 네팔의 장애인 아동 시설과 캄보디아 장애인협회에도 후원을 지속해서 하기 위해 자체적으로 끊임없이 지금까지 노력해 오고 있습니다.

이렇게 끊임없이 고민하던 터에 복지경영학에 관심을

두고 공부해보니 복지와는 다른 부분을 많이 보게 되었습니다. 앞으로는 더욱더 복지 경영학 이론을 배우고 활용하여 새로운 복지 형태의 사업을 창조하고, 그것이 홀로 설 수 있도록 영리를 뛰어넘어 비영리적 수익 창출 부분까지 확대하여야 합니다. 장애인들이 비장애인과 똑같은 환경에서 능력을 발휘할 수 있게 하는 효과적이고 효율적인 방법을 찾아 나갈 것입니다. 사회복지경영 전략, 사회복지서비스관리, 사회복지서비스마케팅 등의 영역이 더 유기적으로 조화를 이루어 저희를 비롯한 많은 사회복지시스템이 원활히 운영되어 복지경영의 목적을 달성할 수 있도록 힘닿는 데까지 열심히 노력하겠습니다.

삶의 복지 철학 두 번째

2. 다동력인 사람이 되자

넘버원(Number One)이 아닌 온리원(Only One)인 사람

2018년부터 우리나라에는 "장애인 차별금지 및 권리구제 등에 관한 법률'이 제정되고 다음과 같은 5대 교육이 법정으로 의무교육으로 공표되었습니다. 5대 법정의무교육은 아래와 같습니다.

> 1. 직장 내 성희롱 예방교육
> 2. 직장 내 장애인 인식 개선교육
> 3. 개인정보 보호교육
> 4. 퇴직연금 교육
> 5. 산업안전 보건교육

내부장애인협회는 한국 장애인고용공단의 지정된 교

육기관으로서 서울과 경기지역의 내부장애인에 대한 인식 직장 내 인식 교육을 시행하고 있습니다. 그런데 이 교육에서 제일 중요한 과제는 일반적인 장애인 교육이 아닌 다동력인 사람의 인재육성입니다.

사람들은 다음과 같이 제게 묻습니다.

"당신은 당신의 협회에서 얼마나 중요한 일을 하고 있나요?"

요즘 세상에서는 노력과 능력만으로 성공하는 사회는 아닙니다. 노력하는 사람들 위에 있는 사람을 '대체 불가능한 사람'이라고

합니다. 이러한 사람들의 특징은 '다동력'입니다. '넘버원'(Number One)의 개념이 아닌 '온리원'(Only One)의 개념입니다. 이러한 사람이 되기 위해서는 생각의 문이 넓어야 하고, 마음은 항상 따뜻하게 열려 있어야 합니다.

하루 24시간을 '가슴이 뛰는 일'을 하다 보면 나의 가치도 점점 높아집니다. 100점이 아닌 80점을 지향합니다. 그래야 새로운 다른 일도 할 수 있습니다. 모든 순간에 완벽주의자가 아닌 80점 이상의 수준이 되는 완료를 지향해야 가능합니다. 또한, 타인의 '시선'을 두려워해서는 아무 일도 하지 못합니다. 항상 자신이 하는 일에 자신이 넘쳐야 합니다. 시간을 낭비하지 않는 '시간 감각'도 필요합니다. 그리고 모르는 것을 부끄러워해서는 안 됩니다. 부끄러워하게 되면 자신의 부족한 면을 감추게 됩니다. 이러한 사람은 절대로 미래 지향성인 사람이 되지 못합니다. 무엇보다도 가장 중요한 것은 일의 '속도'보다는 '리듬'입니다. 빨리하는 것이 아니라 매일 같은 속도로 움직이는 것이 중요하며, 가슴 속에 스트레스를 쌓아두는 사람이 되어서는 안 됩니다. 스트레스는 스스로 족쇄를 채우는 사람입니다.

　　'다동력'인 사람, 대체 불가능한 사람이 되도록 저와 저의 파트너들은 끊임없이 노력해 나갈 뿐만 아니라 저희 내부장애인협회에서 교육을 받은 많은 장애인과 그

의 가족 여러분과 함께 넘버원이 아닌 온리원의 사람이
되어서 사회의 새로운 희망의 빛이 되겠습니다.

3. 나를 진심으로 사랑해야
타인도 사랑 할 수 있다

장애와 비장애를 편애하지 않는 사회
그것을 이루겠습니다

편애의 이유는 사람마다 다릅니다. 편애란 한쪽만을 치켜세우고 다른 한쪽은 나무라는 것을 말합니다. 한 사람의 뛰어난 능력이나 성공사례를 지나치게 강조하고 반대로 한 사람이 가지고 있는 나약함을 지나치게 문제로 삼을 때 주로 불평등과 편애의 문제가 제기됩니다. 그것은 나아가 사회의 큰 문제로 대두되기도 합니다.

2013년에 발표된 캐나다 아동발달저널에 실린 한 연구 결과에 따르면, 부모가 한 아이에게 더 많은 사랑을 보이는 것은 공격성, 관심 갈구, 정서적 문제 등 아동의 정신건강에 여러 문제를 초래한다고 하였습니다. 이 연구를 이끈 제니 젠킨스 토론토대학 응용심리학 교수는 "편애는 사랑받지 못하는 아이뿐 아니라 가족 전체에 해악을 끼친다."라며 "아이가 불공평하다며 법석을 피울 때는 '나는 지금 사랑받지 못하고 있어'라는 하소연으로 진지하게 받아들여야 한다."라고 조언했습니다.

　장애인에 대한 편견과 비장애인에 대한 편애가 작동된다면 사회는 건강하지 못하게 됩니다. 장애(障碍)는 앞에서도 여러 번 서술한 바 있지만 단순한 막힘 현상입니다. 막힘은 문제에 봉착해서 넘지 못하는 상태이며, 넘어져서 아직 일어나지 못한 상황입니다. 문제 속에 갇혀있는 상태가 곧 장애입니다. 누구나 인생이란 기나긴 삶을 사는 동안 크고 작은 장애를 만나게 됩니다. 돈이 많은 부자는 돈이 많아서 행복하지 못하고, 가난한 사람은 생활에 절대적으로 필요한 재화가 없어서 행복하지 못하고, 권력을 가진 자는 권력 때문에 행복하지 못하고, 권력을 가지려고 하는 사람은 권력욕 때문에 행복하지 못합니다. 이렇듯 비장애인이라 할지라도 주어진 행복의 조건이 충족되지 못하면 불행 속에서 살고 있게 됩니다.

　장애는 이렇듯 문제이기도 하고, 단점이기도 하며 동시에 약점입니다만 이 모두를 긍정으로 바꾸면 막힌 것이 술술 뚫리게 마련입니다. 칭찬은 커다란 고래도 춤추게 한다는 말이 있듯이, 단점을 장점으로 만들면 누구나 춤추는 고래가 될 수 있습니다. 장애인식 개선의 출발점은 시선의 전환입니다. 장애인들이 사회에 적응하지 못하는 근본 이유는 신체의 불편함보다 사회의 따가운 시선과 날카로운 편견이므로 이러한 따가운 시선과 날카로운 편견을 제거하는 것이 시작입니다. 그러므로 장애(障碍)를 장애(張愛) 해야 합니다. 장애를 향해 끝없는 사랑을 베풀어야 합니다. 엄마의 품으로 넉넉하게 사랑해야 합니다. 장애인이 불편하게 여기는 사항을 세심하게 들어주는 보듬어주는 사회가 건강한 사회입니다. 누군가를 도와주면 내가 행복합니다. 도와주는 일을 하는 사람은 누구나 행복합니다. 진정한 복지를 하는 사람이 불행한 느낌이 들 수 없습니다. 말을 하지 않아도 눈으로 느껴집니다. 꼭 빨리 가야 하는 것이 아닙니다. 좀 느려도 괜찮습니다.

삶의 복지 철학 네 번째

4. 남에게 폐를 끼치는 사람이 되지 말자

예비교육으로 장애인을 줄이자 (내부장애인 예방운동본부)

어느 날 어머니가 교통사고로 돌아가시고 그 후 3년 뒤 아버지가 위암으로 돌아가시면서 저에게 500원을 손에 꼭 쥐여 주시면서 마지막으로 제게 남기신 말씀은 저희 평생 좌우명이 되었습니다.

"남에게 폐를 끼치지 않는 사람으로 살아라. 그리고 서로서로 돕고 살아라! 정희는 씩씩하고 용감하니까…"

이렇게 해서" 폐를 끼치는 사람은 절대 되지 말자!"가 제 삶의 원칙이 되었습니다. 사람이 남에게 폐를 끼치지 않고 산다는 것은 스스로 내가 열심히 노력하며 살아야 한다는 뜻임과 동시에 남을 돕고 살아라! 하는 뜻이 포함되어 있습니다. 그렇게 하기 위해서는 우선 자신부터 건강해야 합니다. 제가 지금 내부장애인협회를 설립하고 이끌어가고 있지만 가장 중시하는 것은 내부장애에 대한 인식부터 시작해서 절대로 내부장애인이 되지 않게 하는 교육을 해나가는 것입니다.

장애를 가진 사람을 장애인, 장애가 없는 사람을 비장애인이라고 부르는데 저는 비장애인 앞에다 '예'자를 더 붙입니다. 장애인은 후천적 장애가 90%입니다. 통계가 보여주고 있듯이 저희 모두는 언제 장애인이 될지도 모르는 '예비장애인'이라는 것입니다. 이렇듯 살아가면서 신장, 간, 심장이 나빠지는 경우가 상당히 많아서 예방을 중시하는 이유도 거기에 있습니다. 살다가 팔다리가 부러질 수도 있고, 나이 들면 눈이 안 보일 수도 있고, 간 때문에 일찍 죽을 수도 있습니다. 그러나 이러한 사실을 받아 들이받고 평소에 조심하고 예방하는 습관을 지녀야 합니다.

2021년 4월 20일 장애인의 날 서울시에 초청을 받아 각 지역의 복지와 관련된 20여 개의 복지시설장을 불러서 당시 서울시장님과 간담회를 하는데 그 자리에서 내부장애인에 대한 예비교육에 대한 중요와 필요성에 대해 제가 강력하게 제안을 했습니다.

"예비교육으로 장애인을 줄일 수 있습니다."

시각이나 청각, 그리고 사고로 인한 지체 손상도 평소 조심하는 습관을 지녀야 하는 것은 물론입니다만 더 나아가 호흡기, 심장, 간, 콩팥, 요루, 장루도 식생활 습관을 잘 개선하고 예방을 하면 자신의 장기를 잘 보호할수 있습니다. 이러한 예비교육을 통해서 내부장애인 발생률을 줄이는 것은 매우 중요하기 때문에 내부장애 예방운동본부를 설치해 달라고 제가 건의를 했습니다. 향후 대한민국 국민의 건강을 위해서 또는 전 세계에 내부장애 예방을 위해서 내부장애예방운동본부가 설치되어서 내부장애인의 발생률을 줄이는 "대국민건강프로젝트" 캠페인을 해나가야 합니다.

2013년 kbs <따뜻한 사회로에서> 2021년 KBS 라디오 <함께하는 세상 만들기>를 통해 내부장애인을 알릴 기회가 있었습니다. 방송을 들은 사람들이 뇌전증(간질)이 장애등급에 해당하는 줄 몰랐다며 많은 문의를 해왔습니다. 지금도 아직 내부장애인으로 등재하지 않은 분들이 상당히 많습니다. 하루빨리 내부장애인에 대한 인식이 올바로 이해되어 많은 변화가 있었으면 좋겠습니다.

그래서 지난해는 강사진들을 새로 구성하여 아이들이 동참하는 재밌는 강의를 진행했더니 아이들 반응이 너무나 좋았습니다. 앞으로 장애인 인식 교육도 그저 시간을 보내는 교육이 아니라 실제로 유용한 실질적인 교육이 되어야 합니다.

5. 모두가 한 식구로 살자

우리는 하늘로 똑같이 선물로 받은 삶을 갖고 있습니다

부모와 자식과 부부 등의 관계로 맺어져 한집에서 함께 생활하는 식구를 가족공동체라고 합니다. 인류가 생긴 이후 가장 오래된 집단입니다. 이렇게 작은 식구들이 모이고 모여서 사회를 이루고 국가를 이루고, 나아가서 인류 전체를 이루는 것을 인류 공동체라고 부릅니다. 말하자면 사회는, 국가는, 인류는 사랑이 넘치는 작은 식구들이 모이고 모여서 만든 대단히 큰 가족공동체입니다. 가장 작은 단위의 가족은 엄마와 아빠가 지키듯 이 사회를 든든하게 지키는 것도 바로 우리들의 엄마와 아빠입니다. 어떤 사회나 시대에나 변함없이 존재하는 것은 바로 엄마들의 사랑과 아빠들의 사랑입니다. 그러한 따듯하고 책임 있는 사랑이 온 사회를 아름답게 하고 지구를 평화롭게 합니다.

우리는 하늘로부터 똑같은 삶을 선물 받았습니다. 그러나 장애인의 삶은 평탄하지 않습니다. 앞으로 내부장애인협회에서 제가 해야 할 일은 내부장애인이란 무엇인지, 이러한 장애를 갖게 되면 어떠한 인식을 우리가 가져야 하는지, 그리고 서로서로 어떻게 협력하고 도움을 받고 줄 것인지, 단순한 온정주의에 바탕을 둔 활동이 아닌지 하는 문제점들을 정확하게 파악하고 보다 활동적이고 생동적으로 변화된 새로운 패러다임으로 개선해 나가는 일입니다.

우리는 보통 내 식구와 남의 식구라는 뜻에서 내집단(內集團)과 외집단(外集團)으로 나와 남으로 편을 가르기 시작합니다만 이렇게 내 집단과 남의 집단으로 편 가르기가 되면, 현실을 외면하고 비이성적인 판단이 앞섭니다. 그래서 내 식구의 아픔만 아프고 남의 식구에 대한 아픔은 나 몰라라 하게 됩니다. 이것은 온전한 사랑이 아닙니다.

사랑은 베푸는 사람의 처지에서 보면 바람직한 행동으로 간주할 수 있지만, 장애에 대한 과장이나 선정주의는 오히려 장애인을 사회에서 고립시킬 수 있습니다. 사랑과 자선은 베푸는 사람이나 받아들이는 사람이나 구분되지 않아야 합니다. 주는 사람이나 받는 사람의 위치가 평등하고 공평해야 합니다. 대부분 장애인은 자신들에 대하여 특별한 자선과 우대를 원치 않지만, 역차별도 원치 않습니다. 다만 장애인이 있는 곳에서는 장애인을 배려해주는 시설을 갖추는 것이 필요합니다. 그러기에 우리는 모두 장애에 대해 성실하게 정성껏 공부해야 합니다.

나아가 국제기관도 한 식구입니다. 그래서 내부장애인협회는 미국, 중국, 필리핀, 캄보디아, 네팔 등등 나라와 NGO 기관끼리 서로 협력을 하면서 활동하고 있습니다. 올해(2022년) 2월에도 전 세계 코로나 펜데믹을 뚫고 6번의 pcr검사를 통과하며 캄보디아 장애인협회에 마스크 100만 장과, 생필품을 지원하고 돌아왔습니다.

6. 열린 문도, 닫힌 문도 기회입니다

인생은 문을 열어나가는 과정입니다. 하루하루의 삶에서 늘 새로운 문이 열리고 열린 문은 닫힙니다. 대체로 사람들은 문이 열리면 기뻐하고 닫히면 괴로워합니다. 그러나 기쁨이란 문이 열린 그 순간이고 괴로움이란 닫힌 문 앞에 속상해할 뿐 역시 순간에 지나지 않습니다. 저는 장구도 잘 치시고 음식도 잘 만드시는 어머니가 초등학교 2학년 때에 교통사고로 돌아가셨습니다. 삼 년 뒤에는 아버지가 암으로 세상을 떠나셨습니다. 저는 그때 희망의 문이 닫혔습니다. 그리고 동시에 절망의 문이 열렸습니다. 그때는 그런 줄 알았습니다.

어렸을 때 본 만화영화 '요괴인간'에서는 언제나 무서운 문이 나타났습니다. 그러나 요괴 삼 남매는 그러한 괴

상하고 난폭한 문을 두려워하지 않고 확실하게 부수어 버리고 그 속에 있던 사람들을 구해냈습니다. 헬렌 켈러는 눈과 귀와 입을 막는 3중 장애의 고통을 받았습니다만 설리번이라는 새로운 선생님을 만나 그것을 극복하고 결국 미국의 저명한 작가이자 교육자이며, 인권운동가이며 반전운동가가 되었습니다. 넘어설 수 없는 철벽같이 닫힌 문을 만남과 동시에 새로운 문을 열었던 것입니다.

제 삶의 큰 등불이 되어 주셨던 마더 테레사 수녀님은 절망의 문 앞에 서 있는 수많은 병든 자, 가난한 자들에게 서 있는 절망의 닫힌 문이 아닌 희망과 꿈의 새로운 문을 열어주셨습니다. 저의 어머니와 아버지도 나의 열린 문을 위하여 스스로 닫힌 문이 되어주셨습니다.

열린 문과 닫힌 문에 관하여 다음과 같은 우화가 전해져 옵니다.

어느 성에 '열린 문'과 '닫힌 문'이 있었습니다. 열린 문은 오고 가는 사람들을 위해 늘 자신의 문을 열어놓고 있었습니다. 어느 날 지나가던 여우가 물었습니다.

"너는 왜 항상 문을 열어놓고 있는 거니?"

그러자 열린 문이 미소를 지으며 말했습니다.

"내가 문을 닫으면 사람들이 마을로 들어갈 수 없잖아. 사랑하는 이웃들도 만날 수 없고…"

그 이야기를 듣자 여우의 마음은 따뜻해졌습니다. 하루는 여우가 그 옆에 있는 닫힌 문으로 갔습니다. 닫힌 문 근처에는 아무도 없었습니다.

여우가 물어보았습니다.

"너는 왜 항상 문을 닫아놓고 있는 거니?"

그러자 닫힌 문이 귀찮다는 듯 신경질을 내며 말했습니다.

"나는 시끄러운 건 딱 질색이야. 만약 내가 문을 열면 사람들이 시끄럽게 지나다닐 거니까…"

닫힌 문은 더 이상 말하고 싶지 않다는 듯 고개를 돌렸습니다.

그러던 어느 날 성안에서 백성들의 곡식을 착취하고 쥐어짜던 성주에게 반기를 들고 폭동이 일어났습니다. 백성들은 성주를 죽이고 그의 곡간에서 식량을 빼앗아서 열린 문으로 향했습니다. 그러나 열린 문은 좁아서 많은 사람이 한꺼번에 지나갈 수가 없었습니다. 그래서 사람들은 닫힌 문으로 가서 문을 열어 달라 했습니다. 그러나 닫힌 문은 굳게 문을 걸어 잠그고 못 본 체하고 말았습니다.

그랬더니 백성들은 굳게 닫힌 문을 부수기 시작했다. 얼마 지나지 않아서 닫힌 문은 산산조각이 났습니다. 이 모습을 지켜보던 여우가 말했습니다.

"남을 위해서 자신의 문을 열지 않으면 결국에는 부서지는구나."

그렇습니다. 세상에는 열린 문과 닫힌 문만 있을 뿐입니다. 그러나 사실은 열린 문이나 닫힌 문이나 모두 마음의 문입니다. 열린 마음은 닫힌 문을 열게 하는 큰 힘이 있습니다. 활짝 열린 세상에서 살고 싶으면 마음을 먼저 열어야 합니다. 내부장애인협회를 만든 까닭은 세상에 닫혀있는 문을 열기 위해서 입니다. 제가 가진 것은 없지만 여러 장애인 속에서 장애인들의 고통을 보았기 때문에 그들에게 필요한 누군가가 있어야겠다는 생각을 했습니다. 가족이나 환자 스스로는 힘이 없으므로 주변에서 누군가가 힘을 북돋아 주고, 격려해주는 강하면서 부드럽고 따뜻한 힘이 있어야 했습니다. 저는 남이 하지 않은 것, 지금까지 못 해왔던 것을 어린 나이에 돌아가신 어머니와 아버지 덕분에 굳게 닫힌 문을 쉽게 열 수 있었습니다.

7. 나눔도 잘해야 합니다

남에게 선행을 베풀 때 지나치게 하지 말라

중학교 다니는 한 아이가 형편이 어려워서 어떤 기업의 대표가 후원한다고 하고 한 달에 10만 원씩 용돈을 후원을 한 일이 있었습니다. 그런데 코로나 19 이후 그 기업의 재정이 힘들어져서 그분이 이제는 지원을 못 하겠다고 했지만 한번 주기로 한 한 약속이니까 고등학교 졸업할 때까지 제가 줄여서 5만 원씩 용돈을 주기로 했습니다. 그래서 그 아이를 불러다 사정 이야기를 하면서 매달 5만 원씩 줄게 했더니 그 아이가 "왜 주던 것 깎느냐?!"하고 화를 내는 거예요. 그런 순간 제가 가슴이 탁 막혔습니다. 내가 잘못했구나! 그때 나눔도 기술이 필요하다는 것을 알았습니다. 같은 이슬을 먹는데 왜 뱀이 먹으면 독이 되고 소가 먹으면 젖이 되는 줄 알게 되었습니다. 내가 잘 나누지 못하면 오히려 그 나눔이 독이 될 수 있다는 것을 뼈저리게 느끼게 되었습니다.

서울역 무료급식소에서 급식 봉사를 하고 있었을 때였습니다. 그런데 막상 무료급식소에 나가서 봉사하다 보니 그곳에 오신 반 이상의 사람들이 사진 찍기 바쁘고 봉사는 딴전이었습니다. 옆에서 떠들고 웃고 이러고 있는 것을 보니 기가 막혔습니다.

"여러분, 인제 그만 돌아가 주세요. 여러분들과 저는 이런 봉사를 하고 싶지 않아요!"

그랬더니 그 사람들이 오히려 우리도 그만큼 돈을 냈으면 와서 사진 찍을 수 있는 거지 그걸로 그러느냐고 저한테 따지고 대들었습니다.

세상의 많은 사람이 봉사하고 있지만, 상당수의 분이 남한테 봉사한다고 자랑하기 위해서 하시는 분들이 많습니다. 그래서 그런 분들하고는 절대로 같이 봉사를 하지 않겠다고 결심을 했습니다. 봉사는 따뜻한 마음, 진실한 마음, 주는 사람과 받는 사람이 같은 마음으로 하는 것입니다.

채근담에는 다음과 같은 말이 있습니다.

> 남에게 선을 베풀 때 지나치게 하지 말라
> 그 사람에게 따를 수 있게 해야 한다.

이제 제 생의 전모가 어지간히 드러난 나이인 지금, 한 가지 깨달은 것이 있습니다. 나는 무언가 열심히 추구해서 열매를 거둘 나이이나, 열매를 얻은 다음에는, 그 상황에 안주하며 열매를 지키고 즐기기보다, 그 상황에서 뛰쳐나와 다시 빈 벌판으로 나서는 것입니다. 꽤 수고하고 노력한 끝에 안정이 될 만하면, 스스로 그 판을 벗어나 더 거친 비바람이 부는 벌판 속으로 달려가는 모습을 보면서 마더 테레사 수녀님이 보여준 것처럼 다음 행보의 발판이 되고, 제 뒤를 잇는 사람들은 그 발판을 단단하게 다져줌으로써 모든 장애인과 그 가족들의

고통을 덜어주고 그분들의 안락과 행복을 가져다주며
다음과 같이 말합니다.

"나, 언제나 여기 있노라고…"

꽃씨들이 잠을 자는

겨울

4

살아있는 그 날까지

이제
정말로 나는 앞으로 가야만 한다.
사랑하는 그들과 함께

<황정희의 -돌아갈 수 없는 길- 중에서>

엄마
난
괜찮아

장애인을 보호 대상으로만
바라볼 것인가?

소중한 인권을 지닌 장애인은 사회적 편견의
희생자일 뿐 보호받아야 할 대상은 아니다

장애인은 치료받아야 할 환자도, 보호받아야 할 어린이도, 그렇다고 우대받아야 할 벼슬도 아닙니다. 오히려 장애인은 장애 그 자체보다도 사회적 편견으로 인한 불편함이 더 큰 문제입니다. 장애와 관련된 모든 문제는 모두 비우호적 사회적 조건과 환경에서 비롯되고 있습니다. 장애인을 단순한 보호 대상으로 바라보고, 장애인의 문제를 대신 해결만 해주면 된다고 하는 지극히 소극적 해결법만을 강조한다면 장애인에 대한 근본적 문제는 해결되지 않습니다.

사회복지의 가치와 철학은 인간의 존엄성을 구현하는 것이 가장 먼저 해야 할 일입니다. 장애인복지의 목표는 장애인으로서가 아니라 '인간으로서 더욱 평등한 사회 참여'라 할 수 있습니다. 가로막혀 있는 장애인의 인권을 제대로 찾아주어 인간의 존엄성이 지켜지면서 동시에 사회참여 기회를 동등하게 가지는 것입니다. 그것이 인간의 가장 기초적인 가치인 '존엄성'과 인간이면 모두 가져야 하는 '권리'를 지켜주는 일입니다.

장애인에게 가하는 인권의 제약은 다른 동물로부터 비롯되는 것이 아니라 인간으로부터 비롯된 제약이고 편견입니다. 그래서 장애인에 대한 인권은 반드시 인간에 의해 복원되어야 하며 반드시 정상대로 복원되어야 합니다. 장애인 누구에게나 평등하고 공평하게 지역사회에서 살아갈 권리가 있다는 것을 사회적으로 합의를 하는 일이 우리가 해야 하는 일입니다.

이러한 사회적 합의가 보편적으로 이루어진다면 예를 들어 장애인에게도 투표할 권리가 있다고 사회적 합의가 된다면 결코 엘리베이터가 없는 곳에 투표소를 만드는 일이 생기지 않듯이 상당수의 장애인이 이동의 자유를 누리지 못하고 있는 것은 완전한 사회문화적 조건과 환경이 조성되어 있지 않기 때문입니다. 그러므로 장애를 단순한 의료적 또는 사회적 문제로 간주해서는 안 되며, 장애를 인권문제로 이해하고 인식해야 하는 것이 매우 중요합니다. 사회참여를 가로막고 있는 사회문화적 제약들을 제거하고, 장애로 인한 고통과 미비한 사회적 환경으로부터 오는 이중의 고통에서 벗어날 수 있도록 각종 제도와 환경을 만들어야 합니다.

이제부터는 장애인을 단순히 보호 대상자로 보지 않고 동등한 인격자로서 존중하고, 그리고 지금은 비록 비장애인이라도 언제 언제든 나도 신체적 약자로 전환될 수도 있다는 인식 전환을 서둘러야 할 때입니다.

역사적으로나 세계적으로나 사회는 신체적으로 건강한 자와 신체 일부가 약한 자로 구성됩니다

세계에서는 장애인에 대한 인식 전환이 오래전부터 확산했습니다.

전쟁과 빈곤은 인류의 역사가 시작된 이후로 단 한 번도 멈춘 적이 없이 지속해서 일어나고 있는 고통의 고리입니다. 전쟁이 끝이 나면 이후에 부상자가 속출하고 그들은 여지없이 신체적 장애를 안고 평생을 살아가야 합니다. 이렇게 신체적인 장애를 갖게 되면 정상적인 활동을 할 수 없기에 그들의 가족은 빈곤의 고통을 필연적으로 떠안게 됩니다. 참혹한 전쟁을 치르지 않는 현대사회에서도 각종 교통사고로 인한 장애, 화상을 입은 장애, 건설현장에서의 노동재해로 인한 장애 등 무수한 사고로 인하여 평생 장애를 안고 살아가는 사람들이 수없이 발생 되고 있습니다. 이토록 장애는 인간의 삶 속에 은밀하게 숨어있는 고통의 복병입니다.

이와 같은 장애인 문제가 국제적 관심을 끌어내고 이 문제가 사회적으로 공론화되기 시작하게 된 것은 제2차 세계대전 이후부터입니다. 중화학공업 발전에 따른 노동재해와 계속된 전쟁으로 나라마다 장애인이 급격히 증가하자 그들의 생활 유지 또는 사회 복귀 문제가 큰 사회적 문제로 대두되었기 때문입니다. 그러나 장애인에 대한 부정적 의식 즉 차별과 멸시의 의식이 뿌리 깊은 탓에 장애인대책은 별다른 진전을 보지 못했습니다. 이에 국제연합은 1948년 '세계인권선언', 1972년에 '정신지체자의 인권선언', 1975년에 '장애인의 권리선언'을 채택한 이후, 계속하여 노력을 기울여 드디어 1981년을 '국제장애인의 해'로 선포하게 되었습니다.

1981년에 선포된 선언문에는 특기할 만한 새로운 개념이 삽입되었는데 그것은 장애인 문제에 관한 새로운 사고의 전환을 가져오는 '정상화'(normalization)와 '통합'(integration)이 처음으로 제기된 것입니다. '정상화'란 장애를 사회인의 다양한 구성원으로 인식하여 장애인을 '평등한 인격으로 대우하는 사회'를 목표로 하는 개념이고, '통합'이란 낙후되었던 시설이나 낡은 제도를 고쳐 장애인을 사회의 한 일원으로, '불편 없이 삶을 살 수 있도록 하는 재생 방법을 모색하고 실현하고자 하는 개념'입니다.

UN이 채택한 장애인 권리선언은 '선천적 또는 후천적으로 신체적·정신적 능력이 불완전하여 일상의 개인적 생활이나 사회생활에 필요한 활동을 스스로 확보할 수 없는 자'로 규정하고 있습니다. 또한, 1980년 세계보건기구(WHO)의 ICIDH(International Classification of Impairments, Disabilities, and Handicaps)는 장애라는 보편적인 뜻을 포함하고 있는 '손상'(impairments)과 '장애'(disabilities) 그리고 '사회적 불리함'(handicaps)을 포함하고 있으며, 이는 오늘날 국제적 규범으로 널리 수용되고 있습니다. 여기서

'손상'은 심리적으로, 신체적으로 그 구조나 기능의 상실되는 것을 의미하고 있으며, '장애'는 손상으로 인한 기능의 제한이 장기간 지속할 것이라는 판단에 따라 정상적인 활동의 수행능력에서의 제한이나 결여를, 그리고 '사회적 불리'는 주요 환경에 적응할 때 독립성의 상실이나 개인의 사회경제적 활동에서의 역할수행과 관련된 제한성을 의미하고 있습니다.

한편 1981년의 국제 장애인의 해(International Year of Disabled Persons)와 1983~1992년의 10년에 걸친 UN 장애인 주간(United Nations Decade of Disabled Persons), 그리고 1993년 장애인의 기회균등에 관한 UN 규정(UN Standard rules on the Equalization of Opportunities for Persons with Disabilities)등을 배경으로 제정된 각국의 법률에는 1990년 미국의 미국장애인법(ADA: The American with Disability Act), 1992년 호주의 장애차별금지법(Disability Discrimination Act), 1993년 일본의 장애자기본법, 1995년 영국의 장애차별금지법(Disability

Discrimination Act), 2002년 독일의 장애인평등법 (Gesetz zur Gleichstellung behinderter Menschen) 등이 각 나라에서 제정됐습니다.

우리는 언제든 신체적 약자로 전환될 수 있습니다

우리 모두 예비장애인
- 장애인의 90%는 후천적 장애입니다

장애는 신체적인 장애뿐만 아니라 내부기관의 장애로 고통을 받는 사람들도 무시할 수 없는 숫자로 하루가 다르게 늘어가고 있습니다. 내부기관 장애에 해당하고 있지는 않지만, 대한당뇨병학회가 발표한 '팩트시트 2020'에 따르면 2018년 기준 국내 30세 이상 성인의 당뇨병 유병률은 13.8%(당해 인구 기준 494만 명)로, 당뇨병 전 단계인 공복혈당장애를 포함하면 국내 당뇨 인구는 948만 명 즉 '당뇨 인구 1000만 시대'가 눈앞에 다가온 것입니다. 당뇨병은 질환 자체보다 당뇨합병증이 더 심각합니다. 특히 환자의 삶의 질을 현저히 감소시키고 생명까지 위협하는 족부궤양·신장질환·망막병증 등으로 발생하는 경제적·사회적 손실과 이로 인한 환자와 가족의 고통은 금액으로 환산하기 힘들며 특히 최근 '코로나19로 인한 국내 사망자 중 97%가 고혈압·당뇨병 등 기저 질환자'라는 중앙방역대책본부의 발표는 당뇨병 등 기저질환의 철저한 예방과 관리에 대한 심각성을 더하고 있습니다.

또한, 심장장애는 심장이식이 필요한 중증장애와 가정 내에서의 가벼운 활동이 가능한 경증장애로 나누고 있지만, 경증장애인이라 하더라도 그 이상의 활동을 할 때 협심증이나 심부전 등의 증상으로 위험해질 수 있는 중증장애로 발전될 수 있습니다. 등록장애인의 0.2% 정도가 이에 해당한다고 합니다. 심장장애는 무엇보다 심장에 무리가 갈 수 있는 과격한 활동이나 운동은 하지 않도록 해야 하며 주변 사람들의 주의가 더욱 필요합니다.

간장애는 간의 만성적인 기능부전과 그에 따른 합병증 등으로 일상생활을 하는 데 상당한 제한을 받는 경우를 말하며, 크게 간의 염증이 오랫동안 지속 되어 간 표

면이 우둘투둘해진 상태로 특징짓는 간경변증과 간세 포암으로 구분될 수 있고 호전 가능성이 거의 없는 만 성 간질환의 경우 중증장애로 분류되고 간이식을 받는 경우 경증으로 분류되고 있습니다. 전체 등록장애인의 0.4%를 차지하며 간장애인은 피로할 경우 피부의 점막 이 누렇게 되는 황달 증상이 나타날 수 있으므로 직장에 간장애인이 있으면 업무로 인해 과로나 수면 부족이 생 기지 않도록 배려하는 것이 필요합니다.

호흡기장애는 만성호흡기 질환으로 인공호흡기 없이 는 생활이 힘들거나 보행 시 호흡장애가 오는 중증장애 와 폐 이식을 받았거나 늑막루 등의 경증장애가 있습니 다. 등록장애인의 0.5% 정도이며, 호흡기장애인은 공기 변화에 민감하므로 건조한 환경이나 급격한 온도변화가 있는 곳은 피하는 것이 좋고, 호흡기장애인이 함께 있는 자리에서의 흡연은 절대 금기사항 중의 하나입니다. 만 약 호흡기장애인과 동행하고 있을 시 호흡이 거칠어지 는 것이 느껴지면 힘들지는 않은지 확인하면서 움직이 는 것이 필요하게 됩니다.

장루·요루장애는 배변기능이나 배뇨기능의 장애로 장루 또는 요루를 시술하여 일상생활에 제약이 있는 장애를 말하며 등록장애인의 0.6%를 차지하고 있습니다. 장루·요루장애는 직장암이나 대장암 등의 악성종양이나 방광암이 원인이 되는 경우가 많으며 외출 시 배변주머니가 넘칠 것을 우려해 식사를 거르는 일도 있습니다. 등록장애인의 0.6%가 이에 해당하며, 괄약근이 없으므로 수시로 본인의 의지와 상관없이 가스가 배출되는 때도 있으며 이럴 때 장애특성으로 이해하고 자연스럽게 대하는 것이 필요하며 무거운 물건을 들거나 하는 등 복부에 힘이 들어가는 일이 필요할 때 주의가 필요합니다.

뇌전증(간질)장애는 적극적인 치료에도 불구하고 발작이 반복적으로 일어나는 장애로 발작을 할 때 호흡장애나 심한 탈진 또는 두통이나 인지기능장애가 일어날 수 있어 대인관계가 곤란할 수 있고 등록장애인의 0.2%를 차지하고 있습니다. 뇌전증을 앓고 있다고 모두 장애 판정을 받는 건 아니며 만성 중증 난치성 환자에 국한됩니다만 뇌전증장애인에게는 규칙적인 식사를 하고 약을 먹을 수 있도록 해야 하고 수면 부족은 발작에 영향을 미칠 수 있으므로 뇌전증장애인이 발작을 하게 되면 주변의 위험한 물건을 치우고 안경이 있으면 벗겨줘야 하며 넥타이나 단추, 허리띠를 풀어주고 기도 유지를 해야 하는 평소에 알고 있어야 합니다.

이렇듯 내부장애는 모두 후천적으로 일어납니다. 특히 이러한 내부장애가 있는 사람들은 외관상의 장애는 없으나 지속적인 치료와 관리를 받아야 하고 취업 등의 사회생활에 있어 외부 신체기능의 장애가 있는 사람들과 똑같이 같은 어려움을 겪고 있습니다. 또한, 이러한 가족 중에 내부장애인이 있게 되면 가족 역시 경제적으로, 심리적으로 동시에 부담을 안고 살아가야 합니다.

그러나 내부장애에 대한 잣대가 매우 엄격하고 까다로울 뿐만 아니 장애인 등록을 피하고 있을 실정이며, 장애인계의 내부에서도 소외를 당하고 있는 현실이 가슴 아픕니다.

아직도 많은 사람이
내부장애인이라는 용어
그 자체를 잘 모르고 있습니다

표나지 않은 약자 - 내부장애인

　한국 사회에서 장애인을 바라보는 시선은 여전히 이중적입니다. 장애인을 위한 따뜻한 배려와 효율적인 정책이 필요하다고 말하면서도 현실에서는 장애인을 차별하는 인식과 관행이 사라지지 않고 있습니다. 특히 외관상 쉽게 식별되지 않은 이른바 '내부장애인'들은 더 심한 사회적 차별에 시달리고 있습니다. 내부장애인은 신장과 심장, 호흡기, 간 등의 기관이 손상되거나 장루, 요류, 뇌전증 등의 질환을 앓고 있는 환자입니다. 내부장애는 완치되기 어려운 특성을 보이므로 일상생활에 커다란 제약을 받고 환자 본인은 물론 가족들에게도 고통스러운 일입니다.

장애복지법에 의한 장애의 정의에 따르면 신체적 장애는 외부 신체장애와 내부기관 장애로, 정신적 장애는 지적장애(정신지체) 또는 정신적 질환으로 발생하는 장애로 분류합니다. 현재 장애인으로 등록된 장애인 수는 2020년 기준(한국장애인개발원 통계) 263만 3천 명이며, 지체장애인은 전제 장애인의 절반에 가까운 1백2십7만(45.9%)에 달하고 있습니다.

「장애인복지법」 개정에 따라 신장장애와 심장장애가 2000년 1월부터 처음으로 내부기관 장애 범주에 포함된 이후, 2003년 7월부터 호흡기장애, 간장애, 장루요루장애, 간질장애가 추가되어, 15개 장애 유형 중 6개 유형이 내부기관의 장애에 포함되었습니다. 장애범주의 확대를 거치면서 등록된 내부기관 장애인의 수는 점차 증가하여 2020년 현재 내부기관 장애에 해당하는 장애인은 15만 635명으로, 전체 국내 등록장애인의 약 5.7%를 차지하였습니다. (한국장애인개발원, 2020) 지체장애나 뇌병변장애 등 다른 장애 유형과 비교하면 내부기관 장애인의 구성비나 출현율이 낮고 서구 선진국들에 비해서도 여전히 낮은 수준이지만, 내부기관 장애인의 저조한 장애등록률, 고령화 및 만성질환의 증가 추이, 그리고 향후 소화기장애, 비뇨기장애, 만성통증, 기타 암 등으로 내부기관 장애의 범주가 더욱 확대될 것을 고려하면 내부기관 장애인의 수와 정책대상으로서의 중요성은 해가 갈수록 증가할 것으로 예상합니다.

왜 내부장애인은
장애인 등록이 저조한가?

장애인의 문제에서의 핵심은 인권보장입니다

　내부장애의 저조한 장애등록의 원인에 대해 전문가들은 장애판정 기준이 까다롭고 유형별 장애인의 욕구에 맞는 지원책이 없기 때문이라고 이구동성으로 지적하고 있습니다. 예를 들면 장루 장애인은 24시간에 걸쳐 보장구를 착용해야 하지만 보장구 비용에 대한 지원이 원활하지 않고, 또한 장애인 등록으로 얻게 되는 경제적 지원 혜택보다 장루 보유 사실이 밝혀짐으로써 잃게 되는 명예훼손 정도가 더 크기 때문에 등록을 기피 하는 경우가 많습니다.

　또한, 내부기관의 장애가 있는 장애인의 경우 적절한 취업대책이 마련되어 있지 않은 것도 큰 문제점입니다.

단 한 번의 간질 증상으로 직장을 잃고 아예 취업의 기회를 얻지 못하고 있는데 등록기준이 까다로워 경증 간질장애인들은 아예 등록하지 못해 장애인고용촉진법상의 혜택을 받지 못하는 경우가 다반사입니다.

따라서 장애인의 문제를 다루는데 가장 우선으로 고려되어야 할 사상은 바로 인권과 편견입니다. 인권은 그 자체로 보편적이고 포괄적인 것으로 다양한 영역을 아우르는 개념이므로, 인권의 보장은 장애인의 삶의 총체적 부실 현장을 개선할 수 있는 최우선적인 개념입니다. 또한, 편견은 잘못된 인식에서 오는 인간사회에서 가장 치명적인 병입니다. 따라서 인권이라는 큰 틀 속에서 법적인 권리를 보장받고 사회에서 한쪽으로 기울어진 편견을 바로 잡기 위해서는 다양한 실천 방법이 필요합니다. 이러한 실천과 활동을 통해서 장애인이라는 차별적 처우를 해결하고 동등한 지위를 되찾을 수 있게 하여야 합니다.

장애는 편견에서 자유롭고 인권에서 보장받아야 합니다

장애인에 대한 부정적인 인식- 그것이 바로 장애

시인은 시(詩)를 쓰는 사람이고, 예술인은 예술을 하는 사람이며, 정치인은 정치하는 사람이고, 의료인은 치료하는 사람입니다. 똑같이 장애인은 장애를 가지고 있는 사람, 그 이상도 그 이하도 아닙니다. 다만 그뿐입니다. 장애를 한문으로 읽으면 '막힐 장(障)'과 '거리낄 애(礙)'로 구성되어 있습니다. 두 글자 모두 막히다, 거북하다, 불편하다는 뜻을 포함하고 있습니다. 글자 그대로 장애란 '막힘'입니다. 막힌 것은 뚫어야 합니다. 만약 막힌 것을 뚫지 않으면 그곳은 반드시 썩게 마련입니다. 썩으면 고통이 수반됩니다.

장애인에 대한 편견과 부정적 인식은 마치 쇠 녹물과

같습니다. 쇠 녹물은 쇠로부터 생긴 것이지만 차차 쇠를 먹어 버려 쇠를 못 쓰게 만들어버리는 이치와 같습니다. 장애에 대한 부정적 인식과 편견을 그대로 내버려 두면 사회 구성인 들의 인식 방향이 옳지 못한 곳으로 유인되어 결국 사회 그 자체를 병들게 합니다.

장애인에 대한 부정적인 인식을 제거하는 방법은 사회구성원들의 가치를 옳은 방향으로 변화시키고, 부정적인 인식을 유발하는 편견을 완전히 없애야 합니다. 장애인이 사회에서 격리되거나 배제당하지 않게 하기 위해서는 장애인에게 가치 있는 역할을 할 수 있도록 부여하여야 하는 것, 그것을 장애인의 '정상화'라고 부르는 것입니다. 정상화를 이루려면 사회의 구성원들은 다음과 같은 일을 해야 합니다.

첫째, 장애인에 대한 복지서비스 종사자들은 자신의 행동에 대해 확고한 신념을 가지고 업무에 종사해야 합니다.

둘째, 사회정책의 방향이 사회적 긍정의 인식이 장애인에게 이입될 수 있도록 추진되어야 합니다.

셋째, 장애인들이 좌절하지 않고 장애인 스스로 정체성을 확립하여 항상 희망을 품을 수 있도록 아낌없이 지원하여야 합니다.

넷째, 장애인 개개인의 능력을 강화해 주어야 합니다.

다섯째, 장애인에 대한 긍정적인 사회 분위기를 조성하는 이벤트를 끊임없이 조성해야 합니다.

이렇듯 장애인의 정상화는 최종적으로 장애인 스스로 능력과 역량을 강화해 줌으로써 자신 있고 가치 있는 사회적 역할의 수행이 가능하도록 도와주어야 합니다. 이것이 바로 장애인의 사회 정상화이고 통합입니다.

우리는 모두 엄마의 마음이 되어야 합니다

사랑의 마음이 가득한 엄마 세상에서는 어떠한 장애인도 울지 않습니다.

아기의 탄생은 이 세상에서 가장 아름답고 황홀한 일입니다. 어머니의 뱃속에서 열 달을 기다리다가 용감하게 세상 밖으로 나온 아기의 제 일성은 울음입니다. 왜 아기는 세상에 나오자마자 우는 것일까요? 셰익스피어는 4대 비극의 희곡 '리어왕'에서 '리어왕'으로 하여금 "바보들만이 사는 세상이라는 무대에 타의에 의해 밀려 나온 것이 억울해서 그렇게 신경질적으로 울어댄다."라고 했습니다. 어느 작가는 아기가 어른도 낼 수 없는 그렇게 큰 주파(周波)로 울 수 있는 것은 자신이 살고 있던 곳에서 맞이하는 최초의 단절에서 느끼는 슬픔 때문이라 했습니다. 어찌 보면 그럴 수도 있겠습니다만 무엇보다 아기는 엄마의 배 속에 있는 동안 단 한 번도 폐로 호흡을 해본 적이 없었기 때문입니다. 양수에 둘러싸여 어류처럼 수중생활과 비슷한 환경에서 탯줄로 호흡했던 아기는 이 세상에 나와 처음으로 낯설게 폐호흡을 해야만 했던 것이었습니다.

'사람은 이 세상에 울면서 태어나서 울음을 남기고 떠난다.'라고 합니다. 그런데 이 울음이 어찌 태어날 때와 죽을 때뿐이겠습니까? 아이는 삶을 통해서 계속 울어댈 수밖에 없는 환경에 놓이게 됩니다. 정상적인 신체로 잘 살고 있던 사람들에게 갑자기 신체의 일부 또는 내관 기관의 일부가 장애를 일으키게 되었다면 마치 평화롭게 살고 있다가 물속에서 끌려 나와 땅바닥에 내팽개쳐진 물고기의 공포상황과 다를 바가 없을 것입니다.

아기가 차차 울음을 그치고 낯선 세상에 대한 두려움이 사라지면서 제일 먼저 부르는 사람이 바로 엄마입니다. 엄마는 아기의 그 어떤 투정도 예쁘게 받아들이면서 늘 속닥속닥 이야기를 나누고 밤낮으로 보듬어 키웁니다. 아무리 속을 썩여도 전혀 끄떡없는 엄마입니다. 엄마는 아기의 큰 울타리입니다. 넘어져도 올려다볼 수 있고, 넘어질 때마다 내 손을 잡아주고 언제나 일으켜 세워주는 든든한 울타리입니다. 엄마도 아프고 괴롭고 슬퍼할 줄 알지만, 자식 앞에서는 그러한 내색을 하지 않습니다. 왜냐하면, 엄마이기 때문입니다.

바로 이 엄마의 마음처럼 사회의 모든 장애인을 보듬어주고, 넘어지면 손을 내밀어주고, 어려울 상황에 부닥칠 때마다 지지대가 되어주는 사랑이 넘치는 따뜻한 사회가 되어야 합니다. 사회는 '힘 있는 자'와 '힘없는 자' 모두를 사랑하며 살게 할 책임이 있습니다. 엄마가 공부를 잘하는 자식이나 못하는 자식이나 편애하지 않는 것처럼 사회의 엄마는 비장애인이나 장애인이나 모두 사랑으로 품어줍니다. 우리가 진정으로 사회에 속한 참된 구성원이라면 넓은 마음으로 사회를 바라보아야 합니다. 그래서 우리는 모두 엄마의 마음을 가져야 합니다. 사랑의 마음이 가득한 엄마 세상에서는 어떤 장애인도 울지 않습니다.

'엄마'는 사회의 또 다른 말입니다

엄마를 뜻하는 한자어 '母'는 '계집여(女)' 안에 점 2개가 찍혀져 있는 모습으로 구성되어 있습니다. 점 2개는 다름 아닌 자식이며 사랑의 젖입니다. 자식에게 엄마의 젖을 먹이는 아름다운 모습을 그려 넣은 것, 그리고 아이를 키우는 모습이 바로 엄마(母)입니다. 그러나 자식들은 아기일 때나 젊었을 때나 아직 엄마가 되기 전에는 그런 엄마의 마음을 알 까닭이 없습니다. 그래서 옛말에 자식들의 가슴 모두를 합쳐도 넓고 깊은 엄마의 가슴 속을 이해할 수 있는 자식은 없다고 합니다.

모든 엄마는 누구라 할 것 없이 귀엽게 재롱을 부려도 되던 딸이었던 때가 있었습니다. 수줍은 소녀였었고 누군가에게 사랑을 받고 싶었던 여인이었습니다. 물이 아래로 흐르는 것처럼 엄마로부터 받았던 지극한 사랑이 자신이 엄마가 되고 난 이후 또다시 물처럼 아래로 흐르는 것입니다. 사랑을 받지 못했던 어린 시절이 있었더라도 여러 기관과 아름다운 사람들로부터 다시 사랑을 받아서 기꺼이 사랑을 나눠주는 아름다운 사람들이 되는 사람이 많습니다. 사랑이란 그토록 중요합니다.

엄마의 마음은 바다와 같습니다. 어떤 슬픔도, 그리움도, 외로움도 모두 매끄럽고 단단한 아름다운 돌이 됩니다. 자식들은 외로울 때마다 어려울 때마다 엄마라는 아름답고 따뜻한 돌을 품으며 살아가는 힘입니다. 모든 것을 주어도 아프지 않은 돌입니다. 겨우내 언 땅에서 푸르른 싹이 돋아나는 풀처럼 강인한 엄마입니다. 세상살이 힘들어 지칠 때도 힘을 내는 엄마입니다. 모든 엄마가 듣고 싶은 노래가 있다면 무엇일까요? 그것은 씩씩하게 자라는 아이의 자신 있는 소리입니다.

"엄마, 난 괜찮아"입니다.

이 소리는 바로 행복의 소리이며 모든 것을 들어주는 엄마의 소리입니다. 반드시 엄마의 사랑이 넘치는 사회를 만들어 비장애인과 장애인 모두를 자식처럼 보듬는 따뜻한 마음을 갖도록 하는 사랑의 물결이 넘실거리는 사회를 만들어가야 합니다.

책을 마치며….

이 책을 읽어주신 당신은 이제 세상의 모든 어머니입 니다.

이 책은 어두운 소외계층과 장애인들 그리고 장애인 이 될 수도 있는 우리 자신들을 위하여 쓴 책입니다.

이제 이 작은 울림이 당신의 사랑과 나눔의 진심을 담

아 큰 메아리가 되어 온 세상의 모두에게 전달되었으면
하는 바람입니다.

여러분! 감사합니다.
사랑합니다.

부록

엄마
난
괜찮아

장애인을 품어주려면 장애를 알고 가야 합니다.

등록된 장애인을 모두 15 종류입니다.

1. 지체장애인(肢體障碍人)

현재 장애인으로 등록된 장애인 수는 263만 3천명이며 이 가운데 45.9%인 1백2십만7만여명이 지체장애인으로 등록되어있습니다.

지체장애인의 종류는 장애인복지법 제2호에 따라 총 7가지입니다. 지체장애인은 눈으로 확연히 보이는 팔다리가 없는 지체장애인이 있고, 눈에 쉽게 드러나지 않는 손가락이 없는 지체장애인도 있으며, 척추에 이상이 있는 왜소증의 장애인도 있습니다. 다음과 같습니다.

1. 한 팔, 한 다리 또는 몸통의 기능에 영속적인 장애가 있는 사람

2. 한 손의 엄지손가락을 지골(指骨 : 손가락 뼈) 관절 이상의 부위에서 잃은 사람 또는 한 손의 둘째 손가락을 포함한 두 개 이상의 손가락 모두 제1지골 관절 이상의 부위에서 잃은 사람
3. 한 다리를 리스프랑(Lisfranc : 발등뼈와 발목을 이어주는) 관절 이상의 부위에서 잃은 사람
4. 두 발의 발가락을 모두 잃은 사람
5. 한 손의 엄지손가락 기능을 잃은 사람 또는 한 손의 둘째 손가락을 포함한 손가락 두 개 이상의 기능을 잃은 사람
6. 왜소증으로 키가 심하게 작거나 척추에 현저한 변형 또는 기형이 있는 사람
7. 지체(肢體)에 위 각 목의 어느 하나에 해당하는 장애정도 이상의 장애가 있다고 인정되는 사람

지체(肢體)는 팔다리를 말합니다. 사람은 가지가 4개다. 사지(四肢)는 두 팔과 두 다리를 합친 것이다. 모든 나무는 뿌리와 줄기와 가지로 구성되듯이 모든 사람은 머리와 몸통과 팔다리로 구성된다. 기본구성 요건이다. 그런데, 그 어떤 사건과 사연으로 팔과 다리를 잃을 수도 있다. 팔을 잃은 사람은 잃은 상실감을 감당하며, 남겨진 신체로서 살아가야한다. 전쟁으로 남편을 잃은 아내가 남겨진 가족을 부둥켜안고 살아가야할 운명처럼

신체장애인은 그러한 삶을 직면한다.

빙산은 보여지는 것이 1/10에 불과하다. 나머지는 바다 속에 존재하며 비밀을 함구한다. 사람도 보여지는 것은 극히 일부분이다. 내면은 깊은 사연으로 감춰져 있다. 팔이 없다는 것은 단편적인 정보에 불과하다. 그 팔이 사라지게 된 사건과 사연은 빙산의 깊이처럼 고통과 슬픔이 내재되어 있다. 우리가 장애인을 볼 때, 그 장애인이 살아온 삶을 알지 못하면서 '불편한 존재' 혹은 '불쌍한 존재'로 예단하는 것이 얼마나 어리석은지 스스로 알아야한다. 사람으로서 장애인을 이해하고, 그 사람이 겪은 사연을 들음으로 존재를 인정할 때, 비로서 장애인의 아픔을 조금 이해할 수 있을 것이다.

지체장애인에는 엄지손가락을 지골관절에서 잃은 사람, 또는 엄지손가락 기능을 상실한 자도 포함된다. 법률적 장애의 범주가 얼마나 실질적으로 정의하고 있는지 알 수 있는 부분이다. 보여지는 신체의 상실뿐만 아니라 기능의 상실까지도 장애의 범주로 정의하고 있다. 엄지손가락이 있지만, 그 기능을 하지 못한다면 그것도 신체장애인에 해당된다. 기능은 눈에 보이지 않는 것이다. 장애인복지법도 보이는 것과 보이지 않는 기능까지 장애의 범주로 확장하듯, 우리도 장애인의 보이지 않는 내면의 사연까지 이해하는 인식의 확장을 해야할 할 것이다.

2. 뇌병변장애인(腦病變障碍人)

뇌병변장애인은 "뇌성마비, 외상성 뇌손상, 뇌졸중(腦卒中) 등 뇌의 기질적 병변으로 인하여 발생한 신체적 장애로 보행이나 일상생활의 동작 등에 상당한 제약을 받는 사람"이다. 뇌병(腦病)은 뇌에 병이 걸렸다는 뜻이다. 변(變)은 변화(變化)를 의미한다. 뇌병변장애인은 뇌에 병이 걸려서 장애로 변한 사람을 뜻한다. 뇌는 몸 전체를 다스리는 리모콘과 같고, 컴퓨터의 본체와 같다. 모든 신경망은 뇌로 집결한다. 손가락도 뼈를 통해 척추에서 뇌로 연결된다. 신경망은 마치 인터넷의 랜선처럼 상당히 촘촘하고, 인간이 아직 해독하지 못할 정도의 회로도로 구성된다. 컴퓨터 본체 뒷면에 먼지만 들어가도 컴퓨터 작동에 문제가 발생하듯, 뇌에 알 수 없는 문제가 발생하면 그 영향이 신체에 발생한다. 뇌병변장애인은 뇌에 문제가 생겨서 신체에 장애가 발생한 것이다.

뇌성마비(腦性麻痺)는 뇌의 어떤 부분이 마비되어 신체의 보행에 문제가 발생하는 것이다. 외상성 뇌손상(外傷性 腦損傷)은 외부의 충격과 상처로 뇌가 손상을 입은 상태다. 뇌졸중(腦卒中)은 한의학에서 말하는 중풍(中風)가 흡사하다. 중풍(中風)에 걸리면 얼굴이 돌아간다. 얼굴이 돌아가는 근본 이유는 뇌가 멈춰서 그렇다. 뇌졸중(腦卒中)에서 졸(卒)은 '마치다' '멈추다'의 뜻이 있다. 영어로는 'finish'다. 뇌가 잘 작동하다가 어떤 이유로 작동이 멈추면 신체기능도 멈추게 된다. 마치 컴퓨터가 갑자기 작동을 중지하는 것과 같다.

뇌졸중에는 혈관이 막혀서 발생하는 뇌경색과 뇌혈관의 파열로 발생하는 뇌출혈이 있다. 뇌경색(腦梗塞)은 뇌에 공급되는 혈관이 막혀서 산소공급 부족으로 뇌가 멈춘 상태다. 컴퓨터로 비유하면 갑자기 전기공급이 끊어지면 컴퓨터는 작동을 멈춘다. 모세혈관처럼 뇌도 뇌혈관을 통해서 산소가 지속적으로 공급되어야 작동된다. 뇌출혈(腦出血)은 뇌혈관이 파괴되면서 피가 뇌속으로 침투하면서 문제가 발생한 경우다. 노트북을 하다보면 커피를 쏟을 때가 있다. 커피가 노트북 자판으로 흘러들어가면 노트북은 작동이 안된다. 자판회로까지 커피가 스며들어서 문제가 발생한 것이다. 이처럼 뇌혈관에서 흘러나온 피가 뇌속에 침투하면서 뇌작동이 멈추는 경우가 뇌출혈이다.

사람은 누구나 늙고, 살다보면 돌발 상황으로 사고를 당한다. 예측할 수 없는 사고로 뇌가 다칠 수도 있다. 정상인은 잠재적 뇌병변장애인이다. 누구나 미래에 뇌병변장애인이 될 수 있음을 인지해야하다. 뇌병변장애인이 직장에 함께 근무한다면, '미래의 나'라는 인식을 가지고, 품고 보듬는 마음을 먼저 가져야한다. 신체의 기능을 작동하는 뇌가 문제가 발생해서 그러한 것인데, 주변의 시선까지 따갑고 편견의 가시로 대한다면, 장애인은 불편한 신체로서 불편한 환경을 살아야할 이중고(二重苦)에 살아야한다. 몸의 불편함은 어쩔 수 없는 상태이지만, 환경의 불편함은 충분히 변화할 수 있다. 함께

더불어 살아가는 정상인이 넓은 마음으로 편의를 제공
할 책임이 있다.

3. 시각장애(視覺障碍)

시력측정은 체력검사에서 중요한 항목이다. TV를 자
주 시청하면서 근시에 걸리거나, 원시에 걸리는 불편함
이 친구들과 지인들에게 늘상 존재한다. 안경(眼鏡)은
눈에 쓰는 거울로서 시력이 나쁘다는 증거다. 시력을 상
실한 사람을 일컬어 '소경'이라고 하는데, 작은 거울을
의미하는 소경(小鏡)은 썬그라스를 낀 사람을 뜻한다.
요즘 유행하는 썬그라스가 옛날엔 앞을 못 보는 상징이
었다.

시력과 시야가 상당히 저조한 사람은 '시각장애'에 해
당된다. 법률적으로 '시각장애'는 4가지 기준을 갖는다.

가. 나쁜 눈의 시력(만국식시력표에 따라 측정된 교정시력을
　　말한다. 이하 같다)이 0.02 이하인 사람
나. 좋은 눈의 시력이 0.2 이하인 사람
다. 두 눈의 시야가 각각 주시점에서 10도 이하로 남은 사람

식민지 치하에서 농촌을 중심으로 문맹퇴치운동이 일어났다. 문맹(文盲)은 문명(文明)의 반대로서 '글에 대한 모름'이다. 눈으로 보아도 뜻을 알 수 없으니 '글의 소경'이다. '본다'는 의미가 이렇게 확장된다. 예술의 세계를 모르면, 미술관에 가도 하품만 한다. 연주회에 참석해서 잠만 잔다. 예술의 감각적 눈을 뜨면 작품 앞에서 걸음을 옮기지 못한다. 음악에 심취해서 눈물을 흘린다.

우리는 좌우 시력 1.0을 가지고 있으면서, 장애인의 상실한 신체를 목격하면서, 그 내면은 못 보는 '사랑의 시각장애'를 겪을 때가 많다. 보면서 못 보는 비애는 일상에서 자주 발생한다. 모든 상처는 사고의 사연이 있다. 그 사연은 상처만큼 깊은 고통이 내재할 수도 있다. 상처를 만지면 아프듯, 그 사연을 건들면 통증이 마음을 흔들 수도 있다. 한비자에 거론된 역린(逆鱗)처럼 누구나 들키고 싶지 않는 비밀이 있다. 단지 장애인은 그 비밀이 외부로 표출된 것이다.

"왕은 용과 같아서, 81개 비늘 중에서 역린이 하나 있는데, 그것만 건들지 않으면 누구나 용을 올라탈 수 있다"라고 했다. 과연, 현대사회는 개성의 왕으로 살아가는 시대이다. 특기는 곧 용과 같은 실력을 발휘한다. 신체가 불편한 장애인도 특기분야로는 정상인보다 월등하다. 장애인에게도 역린이 있으니, 그것을 함부로 거론해서는 안될 것이다. 장애인이든, 정상인이든, 모두 사람이 살아가는 세상이다. 상대가 불편하다면 그것이 사실이라도 적당히 모른 척 해주는 것이 인정(人情)이다. 서로 어울려서 살아가는 것이 아름다운 미덕(美德)인 것이다.

4. 청각장애(聽覺障碍)

청각장애인은 '듣는 것'에 장애를 가진 사람이다. 말을 듣지 못하면, 수화(手話)를 한다. 혹은 글씨를 써서 의사소통을 한다. 말로 직접 하는 것보다는 불편하지만, 의사소통에는 문제가 없다. 때론 정상인도 수화를 한다.

악수를 하거나, 어깨를 두드리거나, 엄지와 검지를 동그 랗게 해서 OK를 말하거나, 엄지와 검지를 겹쳐서 하트 를 만들거나, 두 손을 머리위에 올려서 큰 하트를 만들 거나, 고개를 좌우로 강하게 흔들거나, 위 아래로 끄덕 이거나, 오른 손을 들어서 빨리 오라고 손짓하거나, 주 먹을 불끈 쥐어서 경고하거나, 표정을 찡그리면서 불편 을 표시하거나.... 모두 수화에 해당한다. 몸짓 언어는 말 보다 그 전달효과가 강력하고, 빠르다. 우리가 청각장애 인을 이방인으로 볼 이유가 없다는 것을 말하기 위해서 수화(手話)를 길게 설명했다.

법률적으로 청각장애인의 조건은 아래와 같다.

가. 두 귀의 청력 손실이 각각 60데시벨(dB) 이상인 사람
나. 한 귀의 청력 손실이 80데시벨 이상, 다른 귀의 청력 손 실이 40데시벨 이상인 사람
다. 두 귀에 들리는 보통 말소리의 명료도가 50퍼센트 이하 인 사람
라. 평형 기능에 상당한 장애가 있는 사람

"5리를 가자고 하면 10리를 함께 동행 하고, 5만원을 빌리면 10만원을 주라"는 내용의 성경 구절이 있다. 5리를 함께 가자고 부탁을 받고서 거절하면 어떻게 될까? 상대의 말을 듣고도 못 들은 것이 된다. 5만원을 빌려달라고 했는데 거절하는 것은 그 부탁을 듣고도 못 들은 것과 같다.

사람은 '이기적+이타적' 동물이다. 이기적(利己的)인 것은 자신에게 이익이 되는 방향으로 살아가는 것이다. 이타적(利他的)인 것은 친구와 애인에게 이익이 되는 방향으로 살아가는 것이다.

청각장애인들은 듣지 못하니, 청각장애인의 입장에서 눈을 보면서 진실하게 설명을 해주면 된다. 혹은 카톡으로 의사소통을 해주면 된다. 의사소통에서 '말의 통로'가 불가능한 것일 뿐, 사람과 사람의 관계는 아무런 문제가 없다. 멀리 떨어진 사람과 의사소통을 한다고 생각하면 그러한 불편함도 충분히 이해할 수 있다. 상대가 말을 못 알아듣는데, 그러한 사실을 제대로 인식하지 못하고 청각장애인에게 말로서 소통하려는 직장 동료는 상대를 전혀 배려하지 못하는 사람이다. 청각장애인은 청각장애인이 할 수 있는 언어로서 소통하는 것이 바람직하다. 외국인과 외국어로 소통하는 것과 같다. 영어를 배우듯 기본적인 수화를 배우는 마음을 갖도록 하자.

5. 언어장애인(言語障碍人)

언어장애인은 '벙어리'라는 말로 통한다. 법률적으로는 '음성 기능이나 언어 기능에 영속적으로 상당한 장애가 있는 사람'이다. 말할 수 있는 신체적 조건은 갖추었으나 말을 하지 못하는 기능상실이 언어장애인이다. 말을 못한다고 생각과 마음과 의견이 없다고 착각하면 절대로 안된다. 표현력이 부족하다고 그 사람의 인격과 자격을 폄하해서도 절대로 안된다.

우리가 설령 말을 잘한다고 하여도 그것은 상대적일 뿐이다. 아무리 말을 잘하는 사람도 배우와 비교하면 말을 별로 못하는 사람이며, 정치인에 비하면 현저하게 논리력이 떨어진다. 때론 대중앞에서 덜덜덜 떨면서 무대

공포증을 겪는 경우도 있고, 기자회견장에서 기자들 질문에 침묵으로 일관할 수도 있다. 침묵했다고 누군가 비난의 화살을 던지면 그 기분은 더욱 참담하다. 반면, 격려와 위로의 포옹으로 '잘할 수 있다'고 신뢰의 울타리를 형성해준다면, 얼마나 큰 위안이 되겠는가?

이와 같이 주변에 언어장애인을 가진 사람의 눈빛을 지긋히 바라보면서 손을 잡아주면서 좀 더 챙겨주자. 말을 못하니 그 마음은 더욱 간절할 것이다. 우리는 사실 외국인 앞에서 언어장애를 가지고 있다. 영어를 특별히 잘하는 사람을 제외하면, 내국인은 보편적으로 외국인을 두려워하고, 영어에 대한 언어장애가 있다. 영어로 몇마디 했는데, 외국인이 "발음이 틀렸다"고 지적하면, 그 상실감은 참담함이다. 반면, 외국인이 빙그르르 미소를 지어준다면, 영어에 자신감이 붙게 된다. 언어장애를 갖고 있는 사람의 속마음도 이와 같을 것이다.

영어를 별로 못하는 우리는 언어장애인을 향해 동병상련(同病相憐)을 갖자. 혹시, 영어를 잘하는 사람은 어려운 프랑스어나 러시아어를 떠올리면서 동병상련의 심정으로 언어장애인을 돌아보자. 지긋이 바라보면 이심전심(以心傳心)으로 마음이 통할 수 있다. 때론 많은 말보다 한번의 눈빛이 믿음으로 연결되어서, 직장문화에 응집력을 형성할 수도 있다.

한국인은 그 문화와 정서가 '침묵으로 참아내기'가 암묵적으로 형성되어 있다. 오죽했으면 '침묵이 금이다' 또는 '무소식이 희소식이다'는 명언까지 생겼을까? 그러나, 침묵은 금이 아니다. 대화가 금이다. 남을 비난하는 말에 있어서는 침묵이 황금이지만, 서로를 격려하고, 칭찬하고, 표현하는 것은 대화가 금이다. 언어는 사람과 사람을 연결해주는 통로요, 문이요, 길이다. 서로 만나서 대화를 하지 않으면 안 만난 것과 똑같다. 서로 멀리 떨어져 있어도 자주 카톡을 하고, 전화도 하고, 이메일을 주고 받으면 친밀감이 깊어진다. 보는 것과 말하는 것은 서로 다른 소통의 도구다.

함께 일하면서, 함께 살면서 서로를 향한 마음을 표

현하지 않는다면, 그것은 언어의 표현장애다. 말을 많이 한다고 표현력이 좋은 것이 결코 아니다. 고마울 때 "고 맙다"고 말하고, 좋을 때 "멋지다"라고 칭찬하고, 잘했 을 때 "대단하다"고 격려하는 것, 그것으로도 사람은 충 분히 소셜이 일어난다. 칭찬은 고래도 춤추게 하고, 격 려는 돌부처도 으쓱하게 한다. 기억하자. 반응이 없는 것이 곧 표현장애요, 부정적 비난과 트집잡이는 인성장 애라는 사실을!!! 칭찬하면 칭찬의 메아리가 들려오고, 비난하면 비난의 부메랑이 날아오는 법이다.

6. 안면장애(顔面障碍)

안면(顔面)은 얼굴 안(顔) 얼굴 면(面)이다. 顔은 머리 혈(頁)과 선비 언(彦)으로 갓을 쓴 선비의 얼굴을 의미 한다. 面은 이마와 코와 볼을 본뜬 글자이다. 얼굴은 마 음을 표현하고, 그 사람을 대변한다. 얼굴이 아름다우면 또 쳐다보고 싶고, 얼굴이 무서우면 외면하고 싶다. 인 간의 보편적 심리다. 안면장애는 얼굴에 장애가 있는 사 람을 일컫는다. 장애복지법에서 안면장애인을 "안면 부 위의 변형이나 기형으로 사회생활에 상당한 제약을 받는 사람"으로 정의하고 있다.

안면장애를 가지고 있는 사람과 대화를 하면, 불편한 마음을 갖는 것이 당연하다. 그렇다고, 불편한 마음으로 상대를 외면하고, 지속적으로 배제하면서 대화를 거절한다면, 그것은 장애인에 대한 인권침해에 해당한다. 안면장애가 있다고 해서 그 장애인의 마음까지 그런 것은 전혀 아니다. 하루를 시작함에 있어서, 거울앞에서 자신의 얼굴을 쳐다보자. 웃는 얼굴인지, 화나는 얼굴인지, 가만히 쳐다보자. 안면장애를 가진 장애인을 외면하고, 인상을 찌뿌린다면, 인상을 쓴 그 얼굴도 역시 안면장애처럼 무섭게 보인다. 안면장애는 신체적 결함 때문에 어쩔 수 없는 상황이지만, 인상을 쓰고 화를 내고 짜증내는 얼굴은 '아름다운 얼굴'을 스스로 망가뜨린 것이다.

화(火)내는 것은 곧 불을 던지는 것이다. 자녀에게, 친구에게, 주변에 혈기로 화를 내지 말자. 화를 내면, 불을 던져서 상대의 마음에 화재를 일이키는 것이다. 화내면 상대도 화내고, 불이 건물을 불태우듯, 금방 싸움이 일어난다. 불은 물로 끈다. 물은 곧 잔잔한 미소다. 웃으면 복이 온다고 했다. 사람의 지능에는 지적 지능과 함께 사회적 지능으로 인성(人性)이 있다. 인성은 사람과 사람의 어울림이고, 관계적 지능을 의미한다. 상대를 인정하는 것이 사회적 지능이다. 자주 웃는 사람은 사회적 지능이 매우 높고, 짜증내고 화내는 사람은 사회적 지능이 70정도로 매우 낮다. 웃는 일이 있어서 웃는 것이 아니다. 웃음은 내면에서 솟는 샘물과 같다.

표정은 마음의 표현이다. 웃음이 표정에 흐르는 것은 마음에서 기쁨이 넘쳐서 그런 것이다. 웃음의 달인은 화낼 상황에도 웃음으로 대처할 줄 아는 사람이다. 평소 웃음훈련을 해야한다. 안면장애를 가진 장애인과 대화도 중요하고, 간혹 자신과 의견이 맞지 않은 상황, 화낼 상황에서 웃음으로 이겨내는 훈련을 자주 겪어야한다. 쉽게 말해서, 상대에게 부탁했는데 거절 당했을 때, 그것을 받아드리는 연습도 해야한다. 상대가 'NO'라고 했을 때, 거절에 화내지 않고, 웃음으로 인정해주는 것, 사회적 인성이 높아지는 지름길이다.

얼굴 근육은 상당히 미세하다. 마음의 미묘한 변화까지 얼굴은 드러낸다. 화날 사건을 만났을 때도 한발 뒤로 물러나서 관찰자가 되어서 그 사건을 쳐다보면, 마음은 근방 평온해진다. 마음에 복잡한 파도가 출렁이면, 표정은 금방 일그러진다. 얼굴만 웃으려고 하지 말고, 마음을 먼저 다스려야한다. 마음은 내면에 속해서 외부의 어떤 일이 일어나도 스스로 다독이면 금방 다스려진다. 마음이 잔잔하면, 저절로 입가에 미소가 꽃핀다.

안면장애인과 대화할 때는 흉측한 부분을 쳐다보고서 좋게 마음을 먹으려고 하지 말고, 좋은 쪽을 보면서 말을 하면 된다. 얼굴에 안면장애가 있더라도 눈빛은 아름다울 수 있다. 눈빛을 쳐다보면서 이야기를 하면 불편한 마음이 금방 없어질 수 있다. 안면장애인이 잘한 일을 생각하면서 대화를 하면 불편한 마음도 금방 사라진다. 사람은 누구나 장점과 단점을 가지고 있다. 단점만 보면 그 사람이 불필요한 존재처럼 여겨지지만, 장점을 쳐다보면 그 사람의 가치는 하늘로 치솟는다. 무엇을 보느냐가 사람의 가치를 좌우하는 것이다.

7. 신장장애(腎臟障碍)

이와 같이 내부장애가 장애로 인정된 계기는 김대중 전 대통령의 신장 투석으로부터 비롯되었습니다. 김대중 전 대통령은 2003년 5월 심장동맥이 좁아지는 협심증으로 서울 신촌 세브란스병원에 입원, 심혈관 확장시술을 받았고 콩팥에 이상이 생겨 몇 차례에 걸쳐서 혈액투석을 받기도 했습니다. 김 전 대통령은 이때부터 신장기능이 저하돼 일주일에 두어 차례 가량 병원을 찾아 지속적으로 혈액투석을 받아야 했습니다.

혈액투석이란 기계가 콩팥을 대신해 혈액 내의 노폐물을 제거하는 치료방법인데 콩팥 기능이 정상인의 10% 이하로 떨어졌을 때 사용하게 됩니다. 양쪽 옆구리 아래 좌우에 한 개씩 존재하는 콩팥은 신진대사로 생성되는 혈액의 노폐물을 걸러 소변으로 내보내는 필터 역할을 하고 있습니다. 이처럼 콩팥은 며칠만 기능이 중단돼도 생명을 유지할 수 없는 중요한 장기지만 소홀히 취급되기 일쑤입니다. 콩팥이 회복불능 상태로 악화되면 만성 신부전증(腎不全症)이 되며, 이틀에 한 번씩 병원을 가야하고, 3~4시간씩 피를 거르니 정상적인 사회생활을 못하게 됩니다.

콩팥은 콩과 밭처럼 생긴 신체기관으로 신장(腎臟)이라고 한다. 콩팥은 하루에 180L의 엄청난 혈액을 정화한다. 이 중에서 1% 정도를 소변으로 배출한다. 하루에 소변으로 배출하는 양은 1.5L 피티병 정도이며, 콩팥이 혈액을 정화하는 양은 180L의 엄청난 양이어서 콩팥의 중요성은 아무리 강조해도 지나치지 않다. 콩팥이 있어서 혈액속에 독소가 제거된다. 콩팥의 개념은 밥하는 조리개의 원리로 이해하면 된다. 요즘 쌀은 정결하지만, 옛날에는 쌀에 돌이 많았다. 그래서 조리개로 쌀을 걸러서 씻었다. 콩팥은 혈액을 깔대기처럼 걸러서 혈액에 섞인 독소를 제거한다. 독소는 오줌으로 배출한다. 콩팥 기능이 망가지면, 독소가 제거되지 않아서 혈액을 통해 온 몸에 퍼진다. 그래서 얼굴이 퉁퉁 붓게 된다.

콩팥의 기능을 좋게 하는 방법은 간단하다. 좋은 물을 많이 마시는 것이다. 콩팥 자체가 혈액을 정화하는 기능이어서, 좋은 물을 많이 마시면 콩팥의 사구체를 비롯해 각종 기능이 정결하게 씻겨진다. 콩팥은 마치 '배가 바다위에' 떠있는 것과 같다. 물을 적게 마시면 배가 해변에 세워진 것과 같아서 콩팥의 기능이 점점점 저하된다. 만약 피곤하게 일하거나, 술을 마시거나, 독소가 많은 음식을 먹게 된다면 콩팥기능은 금방 떨어진다.

장애복지법에 따르면, 신장장애인은 '신장의 기능부전(機能不全)으로 인하여 혈액투석이나 복막투석을 지속적으로 받아야 하거나 신장기능의 영속적인 장애로 인하여 일상생활에 상당한 제약을 받는 사람'으로 정의된다.

혈액투석(血液透析)은 인공신장기계를 통해 혈액을 통과시키면(透) 노폐물이 쪼개지는(析)이다. 투석(投石)과 투석(透析)은 다르다. 혈액투석은 콩팥기능이 저하됨에 따라 인공콩팥을 통해서 혈액의 노폐물을 제거하는 것이다. 혈액은 물이다. 좋은 물을 많이 마시면, 노폐물이 적어지면서 콩팥이 무리하지 않게 되면서 기능이 점점점 회복될 수 있다. 또한 물고기는 물속에, 배는 바다

위에 있듯이 콩팥은 물위에 둥둥둥 떠있듯 스스로 건강 관리를 해야한다. 자주 화장실에 가야해서 물을 적게 마시거나, 화장실에 가는 것을 참는 것은 지혜가 없는 것이다.

신장(腎臟)의 한자적 의미는 신하처럼 열심히 일하는 장기를 뜻한다. 腎은 臣又月이다. 신하(臣下)처럼 일하고 또 일하는 신체기관이다. 콩팥 크기는 땅콩처럼 정말로 작다. 하는 일은 킹콩같다. 생명유지에 가장 중요한 것은 혈액이다. 호흡을 통해 공급되는 산소와 음식을 통해 제공되는 영양분은 혈액의 고속도로를 통해서 모든 세포에 분배된다. 적혈구가 그것을 담당한다. 적혈구가 나눠준 산소와 APT를 건네받은 세포속 미토콘드리아는 에너지를 변환해 활동을 영위한다. 혈액속에 노폐물을 제거하는 유일한 신체기관이 바로 '콩팥'이다. 마치 신하처럼 묵묵히 충성하는 기관이 콩팥이다. 간도 독소를 해독하는 역할을 하지만, 혈액에 있는 노폐물을 직접 제거하는 것은 콩팥이다. 콩팥 관리는 좋은 물을 많이 마시는 것으로 가능하다.

충성자는 말이 없다. 침묵으로 충성하다보니, 주변에 진실한 일꾼들이 땅콩처럼 묻힐 때가 많다. 모든 노폐물을 제거하려고 스스로 깔대기로 희생하는 진실한 사람들의 고결한 가치를 우리는 알아줄 필요가 있다. '희생에는 자라목, 영광에는 칠면조'라는 명언이 있다. 영광의 자리에는 앞다투면서 1등을 하려고 하는데, 희생과 헌신의 십자가에는 줄행랑, 뒷걸음친다. 생명을 영위하는 혈액이 모든 세포에 공급될 때, 콩팥은 소리없이 혈액의 노폐물을 제거한다. 모든 조직에 콩팥처럼 묵묵히 일하는 자들이 분명 있다. 조직의 리더는 이러한 충성자의 가치를 알아줘야한다. 콩팥과 같은 충성자가 사라지면, 그 조직은 금새 비대해지면서 퉁퉁 붓게 될 것이다.

8. 심장장애(心臟障碍)

장애복지법은 심장장애인을 '심장의 기능부전으로 인한 호흡곤란 등의 장애로 일상생활에 상당한 제약을 받는 사람'으로 정의한다. 심장은 몸속 펌프와 같아서 혈액을 지속적으로 흐르게 한다. 잠을 잘 때도 심장의 펌프질은 계속된다. 운동을 하거나, 긴장감이 감도는 상황이 발생하면 심장의 펌프질은 빨라지고, 나른해지면 펌프질은 느려진다. 자동모드다. 사랑하는 사람을 만나면 심장은 용솟음치고, 지루한 일을 만나면 심장은 느려진다. 심장은 혈액공급이다. 혈액공급은 호흡과 직접 상관 있다. 허파동맥과 허파정맥은 심장과 직접 연결되어 있다. 심장장애에 '호흡곤란'이 포함된 것은 이런 이유다.

심장은 뜨거운 피, 열정을 상징한다. 심장이 있어야 신체기관이 움직이듯, 열정의 심장이 있어야 추진력이 생긴다. 도전하고, 꿈꾸고, 진취적이고, 새로운 일을 행하는 모든 사람은 '열정의 사람'이다. 반면, 비판하고, 망설이고, 트집잡고, 뒷말하고, 변명하면서 궁시렁거리는 사람은 '냉정의 사람'이다. 뜨거운 태양이 햇빛을 비추니, 행성들이 그 열에너지로 '구심력의 원운동'을 한다. 열정은 끄는 힘이 강하다.

심장은 '하트'(heart)로 표시한다. 사랑은 말초신경의 자극을 떠올리게 하지만, 그러한 육체적 사랑은 빙산의 일각일 뿐이다. 부모가 자식을 사랑하고, 후학을 양성하는 스승의 교육열정, 독립운동을 했던 애국지사의 애국심, 책을 통해 확장하는 지식의 열정도 모두 '사랑의 유전자'이다. 나와 의견이 다른 누군가를 이해하는 것도 사랑이며, 나와 다른 조건의 사람을 보듬고 도와주는 것도 사랑이며, 부족한 누군가를 높여주는 것도 사랑이다. 사랑은 과일처럼 종류가 각양각색이다.

심장장애가 있는 사람은 두렵게 해서는 안 된다. 심장의 두근거림이 남보다 민감하고 약하다. 말을 할 때도 배려하고, 따뜻한 언어문화로서 대해야한다. 특히 심장장애는 몸속에 감춰진 장애라서 서로가 극히 조심해줘야한다. '장난으로 던진 돌에 개구리가 맞아 죽는다'는 격언처럼 비수처럼 던진 말의 돌에 누군가 맞아서 상처를 입을 수 있다. 말은 아무리 조심해도 지나치지 않다.

사랑이 메마른 자들은 '도적적 심장장애'에 걸린 양심병 환자다. 양심이 삭막한 자들은 극단적 이기주의에 취해서 상대를 디딤돌로 삼고서, 친구를 희생양으로 죽이고서 자신의 면류관을 획득한다. 극단적 이기주의는 '생활속 세계대전'이다. 강대국들이 자신의 국익만을 위해서 무기를 앞세워 약소국을 침략해 약탈했던 18C 19C 세계는 전쟁의 화염에 휩싸였다. 친구사이, 동료사이, 직장문화에서 극단적 이기주의는 피를 흘리게 한다.

사랑은 '사람의 기본'이다. 누구나 심장이 있듯이, 누구나 '사랑의 심장'을 가져야한다. 사랑이 없다면 그것은 사람이 아니다. 힘든 사람이 있으면 누구나 돕고 싶은 마음이 들기 마련이다. 그런데, 친구를 힘들게 해서 자신의 이익을 취한다면, 그것은 사람이 사는 사회가 아니라 밀림의 약육강식이다. 사랑은 살아가는 것이다. 더불어 살아가는 것은 함께 이해하고, 의견이 다른 상대와 대화로서 차이를 조율하고, 장애인과 정상인이 서로의 존재를 존재 그대로 인정하는 것이다.

9. 호흡기 장애(呼吸器 障碍)

호흡은 들숨과 날숨으로 구성된다. 들숨은 들어쉬는 것이고, 날숨은 내쉬는 것이다. 사람이 집에 들어왔다가 나가듯이 호흡도 숨을 넣었다가 내보낸다. 이러한 과정으로 산소는 입안에 들어오고, 이산화탄소는 입밖으로 배출된다. 길게 숨을 흡입하거나, 얕게 하거나 산소는 무한히 몸속에 공급된다. 장애인 복지법은 호흡기 장애인에 대해 "폐나 기관지 등 호흡기관의 만성적 기능부전으로 인한 호흡기능의 장애로 일상생활에 상당한 제약을 받는 사람"으로 정의한다. 숨을 쉰다는 것은 사람으로서 매우 중요한 일이며, 호흡은 '공기'를 마시는 일이다.

'나쁜 공기'를 마시면, 독을 먹는 것과 같다. 담배를 피우는 것은 미세먼지가 가득찬 밀폐된 공간에 갇힌 것과 같다. 담배연기는 매연과 차원이 다르다. 그 속에는 니코친을 비롯해서 각종 해로운 유독성분이 들어있다. 흡연자는 본인의 건강뿐만 아니라 가족의 건강, 주변 동료의 건강까지 침탈한다. 담배연기는 공기를 타고서 상대로 하여금 간접흡연을 하게 한다. 공기중에 담배연기가 있으면 호흡을 통해서 몸속에 그대로 들어간다. 호흡기 장애가 있는 사람앞에서 담배를 피우는 것은 건강의 살인행위다. 극히 조심하고, 신경써야할 부분이다.

호흡(呼吸)은 들숨과 날숨의 반복이다. '얻는 것과 주는 것'은 들숨과 날숨의 이치와 같다. 인생은 반드시 '얻음과 나눔'으로 살아간다. 내가 얻을 것만 생각하면 주변의 사람들이 계산이 빠른 자들이 보인다. 내가 베풀 것만 생각하면 주변에 희망이 넘치는 자들이 보인다. 내가 얻을 것, 상대가 얻을 것, 2가지를 함께 항상 고려해야한다. 내가 얻을 것만 생각하다가, 상대의 것을 빼어서 얻게 된다면, 손해를 본 상대는 '보상과 책임과 억울함'을 호소할 것이고, 결국 인간관계가 단절된다. 이와 같이 생활속 공동체의 호흡은 상호 주고받음이다. 사람은 호흡을 통해서 대기(大氣)와 끊임없이 소통한다. 그와 같이 공동체와 끊임없이 소통하기 위해서는 공동체를 위해서 내가 해야할 것, 공동체를 통해서 내가 얻는 것을 항상 생각하면서 성숙된 삶을 살아야한다.

　　사람과 사람의 관계도 마찬가지다. '호흡'은 주고받음인데, 언어는 주고받는 성질이 매우 강하다. A가 말하면, 그 말에 반응하는 것이 곧 호흡과정이다. 들숨과 달숨처럼, 말함과 들음은 하나의 짝이다. 대화를 서로 나누면 마음의 수수작용이 일어나서, 마치 호흡이 일어나듯 상대와 공감하게 된다. 호흡은 공기를 마시는 것이듯, 상호 공감을 하게 되면 마음이 느껴진다. 몸이 불편한 장애인과도 장애인의 입장에서 말을 들어보려고 노력하고, 장애인의 사연을 마음으로 공감하면서 듣게 된다면, 사람과 사람의 관계가 금새 피어난다. 들숨과 날숨처럼 '얻음과 베풂'으로 사람들과 어울리는 인생을 하는 것이 보람있는 일이다.

10. 간 장애(肝障碍)

간의 중요성은 아무리 강조해도 지나치지 않다. 간(肝)은 육달 월(月)과 방패 간(干)이다. 간은 방패처럼 생겼고, 신체기능도 방패다. 심장처럼 간은 신체기능을 유지하는데 매우 중요하다. 간이 없으면 사람은 살 수가 없다. 그만큼 간은 중년의 가장(家長)처럼 열심히 일한다. 중노동에 시달리는 신체기관을 꼽으라면, 심장과 신장과 간이다. 심장은 펌프질, 신장은 노폐물 정화, 간은 해독작용과 모든 영양소 대사활동에 관여하다.

간은 1) 탄수화물 대사, 2) 아미노산 및 단백질 대사, 3) 지방 대사, 4) 담즙산 및 빌리루빈 대사, 5) 비타민 및 무기질 대사, 6) 호르몬 대사, 7) 해독 작용 및 살균 작용을 한다. 특히 해독작용에 있어서 간은 각종 지용성 물질을 수용성으로 바꿔서 쓸개즙이나 소변을 통해 배설함으로 해독작용을 책임진다. 만성피로는 '간' 때문이다. 간은 망가져도 일한다. 마치 기계같고, 직장인같다. 몸이 망가져도 해야할 일이 있으면 책임감을 가지고 해내는 것이 한국인의 근성이다. 간이 그렇다. 각종 물질 대사에 관여하고, 해독작용도 관여하고, 호르몬 대사까지 책임진다. 다재다능한 간의 기능은 간을 혹사시킬 위험이 높다. 그래서 소식(小食)이 각종 신체기관을 건강하게 해준다. 밥을 적게 먹으면 간이 적게 일해도 되니, 몸이 전체적으로 가볍다.

사람들은 밥을 많이 먹으면 힘이 강해진다고 생각한다. 그렇지 않다. 밥을 많이 먹으면 밥을 분해하는데 에너지가 사용되고, 소화과정에서 발생하는 각종 독소가 간에 들어가서 해독작용을 거친 후, 신장을 통해 배출된다. 밥을 많이 먹으면 결국 간의 업무를 늘리는 것이다. 밥은 곧 간에게 업무량이다. 밥을 적게 먹으면 간은 해야할 일이 줄어들어서 부담이 없다. 밥을 적게 먹으면 간이 피곤함을 적게 느낀다. 장애인 복지법은 간장애인에 대해 "간의 만성적 기능부전과 그에 따른 합병증 등으로 인한 간기능의 장애로 일상생활에 상당한 제약을 받는 사람"으로 정의한다. 간이 망가져서 정상적인 생활을 할 수 없는 사람이 곧 간장애인이다.

간(肝)은 간(間)으로 살아간다. 모든 물질의 변환과정에 간(肝)이 관여한다. 쉽게 지치는 것은 간이 피곤해서 그렇다. 간 기능이 약화된 사람은 피곤이 금방 올 뿐만 아니라 합병증까지 유발된다. 그 방면에 기능이 저하되었으니, 입장을 배려해서 업무도 맡기는 것이 바람직하다. 허리가 아픈 부하직원에게 무거운 짐을 맡기지 않듯이 간장애인에게는 무리한 야근을 시키지 말고, 회식자리에서도 음주문화를 자제할 필요가 있다.

간이 있어서 모든 신체기관의 상호작용이 일어난다.

물질대사가 바로 그렇다. 그와 같이 직장조직은 융합과 소통이다. 소통이 잘 되려면 소통의 사람들이 필요하다. 소통을 잘하는 사람들은 사람과 사람이 맺어지도록 중매역할을 잘한다. 반면 불통을 잘하는 사람들은 남을 험담하면서 이간질에 능하다. 이간질에 능한 사람은 간장애와 같다. 반면 소통에 능한 사람은 모두가 어울어지게 해서 조직의 불통을 없앴으니 간기능이 활발한 사람과 같다.

11. 장루장애 요루장애(腸瘻障碍 尿瘻障碍)

장애복지법은 장루장애인 또는 요루장애인에 대해 "배변기능이나 배뇨기능의 장애로 인하여 장루(腸瘻) 또는 요루(尿瘻)를 시술하여 일상생활에 상당한 제약을 받는 사람"으로 정의한다. 장루(腸瘻)는 대장 또는 소장에 혹이 생긴 병이고, 요루(尿瘻)는 배뇨기관에 혹이 생긴 병이다. 장루를 수술해서 배변기관에 상당히 제약이 있어 일상생활에 지장이 있는 사람을 장루장애인이라고 하고, 배뇨기관도 동일하다.

음식은 먹으면 변이 될 때까지 24시간 정도 시간이

걸린다. 식도-위-십자이장-소장-대장의 순서로 내려가면서 음식물은 몸에 필요한 영양소로 점점점 변화되고, 필요한 것과 불필요한 것이 분해되어서 선별된다. 전체 과정은 총 24시간이다. 단지, 과일류는 위(胃)를 상당히 빨리 통과해서 소장에 도달한다. 1시간 정도면 몸속에 필요한 에너지로 섭취하고, 밥은 2시간 정도 지나면 에너지 섭취가 일어난다. 밥이 변이 되기까지는 대장을 지나야하므로 24시간이 걸린다. 물은 30분 정도면 물속의 미네랄이 몸속에 흡수된다. 돼지고기는 5시간 정도 걸린다. 고기를 먹을 때는 채소류를 먼저 먹어서 소장과 대장을 부드럽게 하는 것이 무엇보다 좋다. 돼지고기를 먼저 먹고 과일과 채소류를 먹게 되면, 돼지고기가 소화되기까지 채소와 과일은 기다려야한다. 이런 이유로 아침 공복에 과일을 먹는 것도 좋다고 하는 것이다.

대변이나 소변은 몸속의 쓰레기를 버리는 것이다. 아무리 아름다운 미인도 화장실에 간다. 대변을 버리지 않으면 생명체는 존재할 수가 없다. 일상생활을 하게 되면 누구나 쓰레기가 나온다. 쓰레기를 버려야 집이 깨끗해진다. 모든 도시는 새벽마다 청소차가 지나가고, 거리마다 청소용 물차가 지나간다. 청소차와 청소부가 지나가서 도시는 쾌적해진다.

간혹 길을 걷다가 '쓰레기차' 또는 '정화조차'(똥차)를 만나면 얼굴에 인상이 써진다. 물론 심리적으로 당연한데, 사람은 날마다 밥을 먹고 그 밥이 소장과 대장에서 대변으로 변한다. 몸속에 대변을 가지고 사는 것이 인간인데, 정화조차를 보면서 싫은 표정을 하는 것이 또한 인간이다. 성숙한 문화시민으로서 때론 더러운 일을 행하는 그들에게 고마운 마음을 갖는 것도 인격의 향기를 지니는 것이다. 사람들의 대변을 청소하는 정화조차가 더러운가? 그런 정화조차를 더럽다고 인상쓰는 사람이 더러운가?

장루장애를 가진 사람에 대해서는 그 고통을 이해할 수 있어야한다. 화장실이 정말 급한데, 밖에서 줄을 서서 기다려야하는 상황이 발생했을 때처럼, 장루장애인은 날마다 배변의 고통을 스스로 경험해야한다. 각자의 고통으로 상대의 고통을 이해하는 것이 역지사지(易地思之)요, 동병상련(同病相憐)이다.

12. 뇌전증 장애(腦電症障碍)

장애복지법은 뇌전증 장애인에 대해 "뇌전증에 의한 뇌신경세포의 장애로 인하여 일상생활이나 사회생활에 상당한 제약을 받아 다른 사람의 도움이 필요한 사람"으로 정의한다. 뇌전증(腦電症)은 간질을 뜻한다. 간질 환자는 몸에 발작을 일으키면서 사람들이 보기에 민망할 정도로 '통제불가능의 상황'이 연출된다. 뇌의 정신분열증 때문에 발생한 발작현상이다. 간질(癎疾)에 대한 사회적 이미지가 너무 부정적이어서, 병명을 뇌전증으로 바꾸었다. 뇌전증(腦電症)은 뇌에 전기적 충격이 과도하게 발생해서 병이 발생한 것이다. 쉽게 말해서, 두뇌에 과도한 정보가 몰려와서, 용량초과로 인해서 두뇌가 발작을 일으킨 것이다. 발작은 곧 두뇌가 정지되면서 외부로 발작현상이 발생한다.

뇌전증은 생각의 혼돈으로 발생한다. 사람의 두뇌는 좌뇌와 우뇌가 상호 협력해서 판단을 내리는 시스템이다. 좌뇌가 발달한 사람은 좌뇌 중심으로 모든 사건을 판단하고, 우뇌가 발당한 사람은 우뇌 중심으로 모든 사건을 판단하여도, 좌뇌와 우뇌는 서로 정보를 공유한다. 그런데, 뇌전증 환자들이 특별한 어떤 사건에 대해서 판단을 내리지 못하고, 계속 정보를 파고들면서 좌뇌와 우뇌가 주도권 쟁탈전으로 싸울 때가 있다. 이때 뇌전증 환자는 과부하에 걸리고, 뇌는 즉시 활동을 멈추면서 발작현상이 외부로 표출되는 것이다. 발작은 두뇌가 순간적으로 멈춘 것이다.

뇌전증 환자는 주변인들에게 어떤 피해를 주지 않는다. 단지, 갑자기 발작을 일으켜서 그것이 문제일 뿐이다. 정말로 심각한 것은 술을 마시고서 주사(酒邪)를 부리거나, 직장 상사의 권력을 남용해서 부하 직원을 괴롭히는 갑의 횡포다. 사람이 사람답게 살지 못하고, 권력의 노예가 되어서 주변 사람들에게 피해를 준다면, 그것이야말로 갑의 횡포로서 발작현상이다. 결코 해서는 안되는 일이다. 직장내 성희롱 및 성폭행도 동일하고, 사회적 약자인 장애인을 보호하기는커녕 따돌려서 인권을 침해하는 것도 심각한 '갑의 발작'이다.

뇌전증 환자의 발작처럼, 우리도 우리의 삶을 가만히 들여다보면, 스스로 부끄러운 일들을 수시로 행동함을 발견한다. 그 부끄러움이 들키지 않았을 뿐, 드러나지 않았을 뿐, 감추고 싶은 행동의 반복들이 많이 있다. 그 것을 통해서 그들의 아픔을 품는 너그러움을 갖자. 뇌전 증 환자는 판단불능 상태를 스스로 멈추기위해서 극단 적 선택으로 발작현상을 선택한 것이니, 우리도 장애인 을 배제하려는 옹졸한 마음이 들거든, 자신의 그런 횡포 를 스스로 멈추는 담대함을 갖자.

13. 지적장애(知的障碍)

정신적 장애에는 지적장애(知的障碍)와 자폐성 장애 (自閉性 障碍)와 정신장애(精神障碍)의 3가지 종류가 있 다.

장애복지법은 지적장애인(知的障碍人)을 "정신 발육 이 항구적으로 지체되어 지적 능력의 발달이 불충분하 거나 불완전하고 자신의 일을 처리하는 것과 사회생활 에 적응하는 것이 상당히 곤란한 사람"으로 정의한다.

지적장애는 IQ가 현저히 미달된 장애인이다. "바보, 멍충이"라는 말을 우리는 일상생활에서 자주 사용하고, 그런 욕을 먹기도 한다. 알아야할 기본을 알지 못할 때, 종종 그런 소리를 듣는다. 오른손에 핸드폰을 들고서 핸드폰이 어딨는지 찾는 경우에도 그런 소리를 듣는다. 건망증에 걸리면 자기 이름도 꺼먹는다. 우리는 누구나 특정 분야에 대해 전혀 모른다. 일어, 프랑스어, 영어, 독일어의 4개국어에 능통한 사람도 '중국어'를 모르면, 중국어의 지식에 있어서는 '무지자'이다. 현실이 이러하므로 지적장애를 가진 사람을 충분히 이해할 수 있다.

　　어른이라도 한글을 모른다면, 한글을 아는 아이에게 배우는 것이 당연하다. 천동설 시대의 박사가 아무리 똑똑해도 지동설 시대 유치원생보다 못하다. 어쩔 수가 없는 것이다. 우리가 아는 모든 지식은 특정 분야와 전문 분야에 한계가 정해져 있고, 모르는 분야에는 전혀 모른다. 그래서 겸손하고, 겸허하고, 모르는 것을 인정해야 한다. 벼는 익을수록 고개를 숙인다는 격언을 항상 숙지하면서, 모르는 누군가를 질책하기 보다는 '돕고, 알려주고, 보살펴주는 대상'으로 인식해야한다.

디오게네스 철학자는 알렉산더에게 '햇빛을 가리지 말고 비켜주시오'라고 말했던 철학자로 유명하다. 그는 플라톤과 동시대 인물인데, 전쟁에 휩싸여서 포로가 되었고, 노예생활을 하면서 주인집 자녀들을 교육을 시켰는데, 모두 훌륭하게 성장했다. 그 집 주인이 말하길, "그대가 참으로 충성하였으니, 노예 신분에서 벗어나게 해주겠소"라고 했다. 그랬더니, 디오게네스 철학자가 말하길, "나는 지금껏 그대들의 노예인 적이 없는데, 어찌 노예에서 해방시킨다는 것이요? 나는 언제나 자유인이었고, 내 교육을 받고 내 도움을 받은 그대들이 내게 속했을 뿐이요"라고 대답했다. 아이러니같은 말 같지만, 인생사 모든 관계가 이처럼 상대적인 것이다.

우리가 만약 누군가보다 조금 더 안다면, 그것은 모르는 사람보다 우월감을 갖게 하려는 것이 아니다. 아는 것을 모르는 사람에게 알려줌으로 나눔의 베품을 실천하라는 신의 소명이다. 잘난체 할 것이 무엇인가? 거슬

러 올라가면 본래 몰랐을 때도 있었으니, 조금 일찍 알
게 된 것이고, 어떤 분야에서는 모르는 상대가 알고 있
을 수도 있다. 그런 분야는 겸허하게 배우는 것이다. 이
것인 서로 돕고 살아가는 삶의 이치이다. 그리하여, 디
오게네스의 유명한 명언처럼, 누구가의 햇빛을 우리가
가리지 않도록 유념해야 할 것이다.

14. 자폐장애(自閉 障碍)

장애인복지법은 자폐성장애인(自閉性障碍人)을 "소
아기 자폐증, 비전형적 자폐증에 따른 언어·신체표현·
자기조절·사회적응 기능 및 능력의 장애로 인하여 일상
생활이나 사회생활에 상당한 제약을 받아 다른 사람의
도움이 필요한 사람"으로 정의한다.

자폐(自閉)는 스스로 닫는 것이다. '방콕'이란 말이 있
다. 방에 콕 들어앉아서 혼자 생각한다. '잠수탄다'는 말
로 통용되는데, 상대방에 대해 서운함과 섭섭함을 타고
서 혼자서 소설을 쓰듯 오만가지 상상력을 발휘하면서
스스로 문을 닫고, 상대와 관계를 차단하는 경우가 자

주 있다. 이것도 자폐(自閉)다. 상대의 말을 들어보지 않고 혼자서 판단하고, 상대와 관계를 단절하는 것도 사회적 자폐증을 가진 것이다. 고독과 섭섭함은 자폐(自閉)의 동질이다. 혼자 있고 싶은 마음이 하루에도 10번 넘게 든다. 그러므로 자폐장애도 충분히 이해할 수 있다.

자폐증은 내부에서 외부를 차단하는 것이다. 소통의 시대에 우리가 상호 협력하고, 대화를 나누고, 따뜻한 말을 따뜻한 밥 먹듯이 그렇게 건넨다면 사회는 금방 훈훈해질 것이다. 엄마의 밥은 항상 따뜻하다. 밥알 한알 한알에 정성이 들어있듯이, 말의 언어에 밥알처럼 진심을 담아서 말한다면, 스스로 닫은 마음의 문은 스르르 열릴 것이다. 형제끼리, 이웃끼리 마음의 벽을 닫고 사는 이유는 도대체 무엇인가? 남한과 북한은 70년 넘게 철조망을 치고 살고 있고, 새롭게 이사온 아파트에서 이사를 떠날 때까지 이웃집과 인사를 나눈 적이 전혀 없을 때도 있다. 이래서야 사람이 사람과 함께 살수 있을까? 내가 먼저 상대에게 인사하고, 따뜻한 말을 건네면, 상대도 스르르 문을 열 것이다.

고독은 작은 자폐다. 과거 우리나라는 대가족제도였는데, 점점점 사회가 발달하면서, 아파트 문화가 발달하면서 핵가족화가 급속도로 발달했다. 북한의 핵무기만 무서운 것이 아니다. 핵가족화로 인한 이기주의는 핵무기처럼 공동체를 말살하고 있고, 협력과 가족의 소중함을 사라지게 만들었다. 개인주의는 개인의 인격을 존중하는 소중한 문화이지만, 개인화가 심해지면서 극단적 개인주의로서 '이기주의'가 팽배하면, 상대의 것을 뺏고, 짓밟으면서 자신의 꿈을 이루려는 약육강식의 시대가 일어나게 된다. 사람이 많아도 외로운 이유가 여기에 있다. 명함첩에 수많은 명함이 있지만, 마음을 털어놓고 대화할 1명의 친구가 없는 시대를 우리는 보내고 있다. 지음(知音)을 하는 그런 친구야 말로 마음의 친구요, 벗이다.

자폐장애를 가진 직장동료, 말수가 적은 직장 동료, 수줍은 직장동료, 사회 초년생으로 아직 일이 서툴은 신입사원들에게 따뜻한 격려의 손길을 내밀자. 작은 배려가 그들에게는 큰 동아줄이 되어서, 견실한 사회인으로 성장하는 추진력을 얻을 수가 있다. 댓가를 바라지 않고 베푼 작은 칭찬과 격려로 운명이 바뀌는 후배들도 있다.

15. 정신장애(精神障碍)

장애복지법은 정신장애인(精神障碍人)을 "지속적인 정신분열병, 분열형 정동장애(情動障碍 : 여러 현실 상황에서 부적절한 정서 반응을 보이는 장애), 양극성 정동장애 및 반복성 우울장애에 따른 감정조절·행동·사고 기능 및 능력의 장애로 인하여 일상생활이나 사회생활에 상당한 제약을 받아 다른 사람의 도움이 필요한 사람"으로 정의한다.

정신장애는 정신분열병 등으로 문제를 겪고 반복적 우울 장애로 감정조절 장애가 있는 사람을 말하는데, 정신분열은 '산만한 정신력'을 뜻한다. 집중을 잘하는 사람이 공부도 잘한다. 그런데, 관심이 없는 분야에 대해서는 누구나 집중이 안된다. 재미가 없는데 누가 그것을 쳐다보겠는가? 수학을 좋아하면 수학시간에는 눈도 귀도 손도 모두 즐겁게 공부한다. 반면, 영어를 싫어하면 그 시간에는 손도 귀도 눈도 졸립다. 다른 것이 생각나고, 정신은 분산되면서 빨리 수업이 끝나길 기다릴 뿐이다.

우울증도 마찬가지다. 정신장애를 가진 사람들이 자살을 하는 것이 아니다. 정상인들이, 겉으로 멀쩡한 사람들이, 유명인들이, 연예인들이 어느날 갑자기 자살을 한다. 그들은 겉으로 표현만 하지 않을 뿐 엄청난 우울증에 시달리면서 살고 있다. 우울(憂鬱)은 근심과 압박을 뜻한다. 울(鬱)은 '막힐 울'로 울창주를 뜻한다. 술을 담글 때는 술병에 담고, 땅 속에 묻는다. 만약 사람을 그렇게 한다면 견딜 수 있을까? 살아있는 사람을 관에 넣어서 땅속에 묻으면, 견딜 수 있을까? 왕따를 시키는 것이 바로 '울창주'로 만드는 것이다.

우울증은 외부의 압박과 스트레스에 시달리는 것을 말한다. 직장은 울창주처럼 견딜 수 없는 압박과 스트레스를 준다. 결국 누구나 우울증에 시달리는 것이다. 강물은 파도가 출렁이듯, 스트레스는 현대인들의 정신에 우울증의 파도를 일으킨다. 상황이 이러하므로, 정신장애에 대해 편견을 가질 것이 없다. 서로 이해하고, 동변상련으로 품어주면서, 대화를 나누면 서로에게 필요한 존재임을 스스로 자각할 것이다.

　스트레스는 주는 사람이나 받는 사람이나 극단적 피로감을 조성하면서, 교감신경을 과도하게 자극해서 부교감신경의 활동을 저하시킨다. 사람은 누구나 교감신경과 부교감신경의 조절을 통해서 항상성을 유지라도록 생체리듬이 설계되어 있다. 과도한 스트레스와 압박은 우울증을 유발하고, 우울증은 불안증세를 촉발하면서 예민해진 신경은 24시간 교감신경을 흥분시키면서 소화불량, 만성피로로 이어지게 된다. 사람은 누구나 낮에는 활동하고, 밤에는 잠을 자야한다. 그런데 우울증에 시달리면 불면증에 걸리면서 부교감신경이 점점점 활동력을 잃게 된다. 부교감신경이 작동하지 않으면 자율신경계가 망가지면서, 내부 장기는 속도가 둔화될 수 밖에 없다.

　주변 환경이 바뀌지 않는다면, 스스로 마음의 환경을

바꾸면서 우울증을 벗어날 수도 있다. 모든 우울증은 마음에서 생긴다. 우울증은 마음의 병이다. 잔잔한 음악을 자주 듣고, 과거에 좋았던 기억들을 되살리며, 자신의 마음을 털어놓을 수 있는 좋은 사람들과 자주 만난다면, 우울증도 출구를 찾아서 서서히 회복된다. 생각의 뚜껑 하나로 우울증과 행복감은 서로 교차된다.

장애인복지법 시행령
[별표 1] 〈개정 2014.6.30〉

장애인의 종류 및 기준(제2조 관련)

1. 지체장애인(肢體障碍人)

가. 한 팔, 한 다리 또는 몸통의 기능에 영속적인 장애가 있는 사람

나. 한 손의 엄지손가락을 지골(指骨 : 손가락 뼈) 관절 이상의 부위에서 잃은 사람 또는 한 손의 둘째 손가락을 포함한 두 개 이상의 손가락을 모두 제1지골 관절 이상의 부위에서 잃은 사람

다. 한 다리를 리스프랑(Lisfranc : 발등뼈와 발목을 이어주는) 관절 이상의 부위에서 잃은 사람

라. 두 발의 발가락을 모두 잃은 사람

마. 한 손의 엄지손가락 기능을 잃은 사람 또는 한 손의 둘째 손가락을 포함한 손가락 두 개 이상의 기능을 잃은 사람

바. 왜소증으로 키가 심하게 작거나 척추에 현저한 변
　　형 또는 기형이 있는 사람

사. 지체(肢體)에 위 각 목의 어느 하나에 해당하는
　　장애정도 이상의 장애가 있다고 인정되는 사람

2. 뇌병변장애인(腦病變障碍人)

뇌성마비, 외상성 뇌손상, 뇌졸중(腦卒中) 등 뇌의 기
질적 병변으로 인하여 발생한 신체적 장애로 보행이나
일상생활의 동작 등에 상당한 제약을 받는 사람

3. 시각장애인(視覺障碍人)

가. 나쁜 눈의 시력(만국식시력표에 따라 측정된 교
　　정시력을 말한다. 이하 같다)이 0.02 이하인 사람

나. 좋은 눈의 시력이 0.2 이하인 사람

다. 두 눈의 시야가 각각 주시점에서 10도 이하로 남
　　은 사람

라. 두 눈의 시야 2분의 1 이상을 잃은 사람

4. 청각장애인(聽覺障碍人)

가. 두 귀의 청력 손실이 각각 60데시벨(dB) 이상인 사람

나. 한 귀의 청력 손실이 80데시벨 이상, 다른 귀의 청력 손실이 40데시벨 이상인 사람

다. 두 귀에 들리는 보통 말소리의 명료도가 50퍼센트 이하인 사람

라. 평형 기능에 상당한 장애가 있는 사람

5. 언어장애인(言語障碍人)

음성 기능이나 언어 기능에 영속적으로 상당한 장애가 있는 사람

6. 지적장애인(知的障碍人)

정신 발육이 항구적으로 지체되어 지적 능력의 발달이 불충분하거나 불완전하고 자신의 일을 처리하는 것과 사회생활에 적응하는 것이 상당히 곤란한 사람

7. 자폐성장애인(自閉性障碍人)

소아기 자폐증, 비전형적 자폐증에 따른 언어·신체표현·자기조절·사회적응 기능 및 능력의 장애로 인하여 일상생활이나 사회생활에 상당한 제약을 받아 다른 사람의 도움이 필요한 사람

8. 정신장애인(精神障碍人)

지속적인 정신분열병, 분열형 정동장애(情動障碍 : 여러 현실 상황에서 부적절한 정서 반응을 보이는 장애), 양극성 정동장애 및 반복성 우울장애에 따른 감정조절·행동·사고 기능 및 능력의 장애로 인하여 일상생활이나 사회생활에 상당한 제약을 받아 다른 사람의 도움이 필요한 사람

9. 신장장애인(腎臟障碍人)

신장의 기능부전(機能不全)으로 인하여 혈액투석이나 복막투석을 지속적으로 받아야 하거나 신장기능의 영속적인 장애로 인하여 일상생활에 상당한 제약을 받는 사람

10. 심장장애인(心臟障碍人)

심장의 기능부전으로 인한 호흡곤란 등의 장애로 일
상생활에 상당한 제약을 받는 사람

11. 호흡기장애인(呼吸器障碍人)

폐나 기관지 등 호흡기관의 만성적 기능부전으로 인
한 호흡기능의 장애로 일상생활에 상당한 제약을 받는
사람

12. 간장애인(肝障碍人)

간의 만성적 기능부전과 그에 따른 합병증 등으로 인
한 간기능의 장애로 일상생활에 상당한 제약을 받는 사
람

13. 안면장애인(顔面障碍人)

안면 부위의 변형이나 기형으로 사회생활에 상당한
제약을 받는 사람

14. 장루·요루장애인(腸瘻·尿瘻障碍人)

배변기능이나 배뇨기능의 장애로 인하여 장루(腸瘻) 또는 요루(尿瘻)를 시술하여 일상생활에 상당한 제약을 받는 사람

15. 뇌전증장애인(腦電症障碍人)

뇌전증에 의한 뇌신경세포의 장애로 인하여 일상생활이나 사회생활에 상당한 제약을 받아 다른 사람의 도움이 필요한 사람

장애인 고용 우수사업주
선정기준

장애인 고용법에 따르면, 장애인을 고용하는 사업주는 '장애인고용 우수사업주'에 선정될 수 있다. 선정될 경우 각종 혜택이 주어진다. 선정기준은 ▲장애인 근로자 수 ▲장애인 고용률 ▲장애인 고용증가율 등이다. 장애인 근로자의 근로조건과 근무환경을 개선하고, 중증장애인과 여성장애인의 고용을 확대할 경우, 평가 점수에 가중치를 부여한다.

우수사업주로 선정만 된다면, 정부기관 입찰시 다양한 가점이 부여된다. ▲국방부의 물품 및 일반용역 적격심사 시 가점(0.5점) 부여 ▲조달청의 물품 적격심사 시 가점(2점) 부여 ▲ 국세청의 모범납세자 선정 시 우대 ▲중소기업청의 병역지정업체 선정 시 가점(1점) 부여된다. 또한 금융기관 대출금리 혜택도 있다. ▲국민은행

(본부 승인 금리) ▲한국스탠다드차타드은행(0.3% 범위 내) ▲하나은행(0.2% 범위 내) ▲농협은행(0.1%) ▲수산업협동조합중앙회(0.2%) 혜택이 부여된다.

이 밖에도 3년간 고용노동부의 정기 근로감독이 면제되고, 장애인 고용촉진유공 정부포상 추천 대상에 선정된다. 장애인 고용 우수사업주로 인증서가 발급된다.

장애인은 장애복지법에서 정한 법률적 기준에 의해 장애등급을 받은 사람들이다. 이들은 특정 분야에서는 그 실력이 정상인보다 월등한 경우도 많고, 근무환경과 일할 여건이 갖춰진다면 회사업무에 생각 이상으로 큰 도움을 주고 있다. 게다가 정부에서 장애인 복지 차원에서 각종 혜택을 주고 있으니 1석2조의 혜택을 얻게 된다.

다음은 '장애인 고용 우수사업주 선정' 관련 고용노동부 공식 공고문이다.

[한국장애인고용공단] 장애인고용 우수사업주 선정 및 우대조치 기준 공고문

고용노동부공고 제2018-315호

「장애인고용촉진 및 직업재활법」제24조 및 같은 법 시행령 제22조제2항에 따라 장애인의 고용에 모범이 되는 사업주를 장애인 고용 우수사업주로 선정하고 해당 사업을 지원하기 위하여 장애인 고용 우수사업주의 선정 및 우대조치 기준을 다음과 같이 공고합니다.

2018년 8월 3일
고용노동부장관

장애인 고용 우수사업주 선정 및 우대조치 기준 공고

1. 장애인 고용 우수사업주의 선정 기준

   - 사업주가 해당 사업장에서 고용하고 있는 장애인 근로자 수, 장애인 고용률, 장애인 고용증가율 등을 고려
   - 사업주가 모집 및 채용 등에서 장애인을 우대조치

하고, 장애인 근로자의 근로조건과 근무환경을 개선하고, 중증장애인과 여성장애인의 고용확대를 위해 노력한 경우 가중치를 부여

2. 장애인 고용 우수사업주에 대한 우대조치 기준

- 장애인 고용 우수사업주로 선정된 사업주에게는 선정 공고일부터 3년간 다음 각 목에 해당하는 지원 등 우대조치

  가. 국방부의 물품 및 일반용역 적격심사 시 가점(0.5점) 부여

  나. 조달청의 물품 적격심사 시 가점(2점) 부여

  다. 국세청의 모범납세자 선정 시 우대(2014년부터 적용)

  라. 중소기업청의 병역지정업체 선정 시 가점(1점) 부여

  마. 금융기관 대출금리 우대

   *(주)국민은행(본부 승인 금리), (주)한국스탠다드차타드은행(0.3% 범위 내), (주)하나은행(0.2% 범위 내), 농협은행(주)(0.1%), 수산업협동조합중앙회(0.2%)

  바. 고용노동부의 정기 근로감독 3년간 면제

  사. 한국산업안전보건공단의 산재예방시설·장비 구입자금 융자 선정 시 우대

아.「장애인고용촉진 및 직업재활법」제21조에 따른 장애
　　　인고용시설에 드는 비용의 융자 또는 무상지원 대상
　　　선정 시 우대
자. 장애인 고용촉진유공 정부포상 추천
차. 장애인 고용 선진국 해외연수 선발기회 부여
카. 장애인 고용 우수사업주로 인증

장애인도 정말로 일하고 싶어요
- 사업주에게 지원되는 각종 제도와 혜택

　장애인(障碍人)은 장애물이 아니고, 복덩어리다. 장애
인을 통해 얻는 혜택을 생각하면 기업의 복덩어리요, 장
애인에 대해 편견을 벗지 못하면 장애물로 인식된다. 근
본을 정확히 알고, 계산기를 정확히 두드리면 장애인은
기업에 상당한 이익을 준다. 같은 신입사원이라도 얻는
혜택이 많다면 그 신입사원을 채용하는 것이 기업의 이
익이다. 장애인은 분명 기업에 도움이 되는 신입사원이
다.

　직원을 채용할 때는 경력을 평가한다. 경력을 따지는
이유는 직원의 능력과 인맥과 사회적 역량과 그 혜택을

얻기 위함이다. 장애인을 채용한다면 경력사원 채용보다 더 큰 혜택이 주어진다. 장애인을 후원하는 배경이 정부라서 그렇다. 장애인은 정부와 지자체는 3.2% 의무고용, 50인 이상 근로자 고용 사업주는 2.9% 의무고용제를 추진하면서, 적극적 고용제도를 권장한다. 적극적 고용제도는 고용하지 않을 경우 고용부담금이 부과되고, 고용할 경우 고용장려금이 주어진다.

의무고용률 미달 사업체는 고용부담금이 부과되고, 고용부담금이 모아지면 그 자금이 의무고용률을 초과한 사업체에 주어진다. 이 자체만 보더라도 장애인을 고용하는 것이 기업의 이익이다. 고용부담금과 고용장려금은 사소한 차이이고, 장애인을 고용하면 기업에 발생하는 혜택이 상상을 초월한다. 특별우대 혜택이 주어진다고 해도 과언이 아니다. 장애인을 장애인 개인으로 보면 절대로 안되는 것이다.

장애인 고용시 '장애인의 업무환경'에 대해 사업주는 걱정할 수도 있다. 그러나, 장애인 고용촉진법에 따라서 장애인을 고용하는 순간, 보조공학기기(시각장애인용 컴퓨터, 음성증폭기, 맞춤보조 공학기기)가 무상으로 보급되며, 장애인 고용 관리비용으로 장애인 작업 지도원 배치 비용까지 주어진다. 장애인의 고용을 관리할 인원이 추가로 배치되어서 장애인들의 업무능력을 향상시킨다. 또한 장애인 다수 고용 사업장은 생산품 우선구매와 시설설치 및 개선비용이 지원된다. 장애인 다수 고용 사업체는 세액까지 감면된다. 고용장려금은 경중남성은 30만원, 경중여성은 40만원, 중증 남성은 50만원, 중증여성은 60만원까지 지급되며, 장애인 고용 환경 개선으로 통근용 승합자동차를 구입할 수 있고, 재택근무에 필요한 작업장비도 지원된다.

기업은 '이윤추구'가 목표다. 장애인을 통해 얻는 혜택은 아무리 강조해도 지나치지 않다. 장애인 1명이 일하는 것은 정상인 1명이 일하는 것과 비교해서 효율에 있어서 다소 부족할 수도 있다. 그러나, 그것만 따지는 것은 편협한 계산법이다. 덧셈과 뺄셈과 곱셈과 나눗셈은 전체를 총괄해서 논해야한다. 장애인을 통해 얻는 기업 전체의 세액감면 혜택과 각종 관리비용과 고용장려금, 특별우대 혜택까지 따진다면 직원 1명이 기업에 주는 혜택보다 월등히 많은 이익을 가져옴을 알 수 있다. 게다가 장애인을 고용하지 않으면 그 자체가 고용부담금이 되어서 기업에 손실을 주게 되니, 장애인 고용은 사회적 가치실현과 함께 기업의 이윤창출을 위해서 반드시 해야할 기업정책임에 틀림없다.

장애인 인식개선 교육
법정 의무화

　장애인 인식개선 교육은 장애인고용법에 따라 의무교육이 되었다. 장애인고용법 제 5조의2에 따르면, 사업주는 반드시 장애인에 대한 직장 내 편견을 제거하도록 사업주와 근로자가 교육을 받도록 하고 있다.

장애인고용법 제5조의2
(직장 내 장애인 인식개선 교육)

　① 사업주는 장애인에 대한 직장 내 편견을 제거함으로써 장애인 근로자의 안정적인 근무여건을 조성하고 장애인 근로자 채용이 확대될 수 있도록 장애인 인식개선 교육을 실시하여야 한다.
　② 사업주 및 근로자는 제1항에 따른 장애인 인식개선 교육을 받아야 한다.
　③ 고용노동부장관은 제1항 및 제2항에 따른 교육실

시 결과에 대한 점검을 할 수 있다.

④ 고용노동부장관은 제1항에 따른 사업주의 장애인 인식개선 교육이 원활하게 이루어지도록 교육교재 등을 개발하여 보급하여야 한다.

⑤ 제1항 및 제2항에 따른 장애인 인식개선 교육의 내용·방법 및 횟수 등은 대통령령으로 정한다.

장애인고용법 제5조의2는 대통령령에 따라 시행령이 지난 2018년 5월 28일 공포됐다. 해당 내용은 아래와 같다.

장애인고용법
[대통령령 제28911호, 2018. 5. 28.]

제5조의2(직장 내 장애인 인식개선 교육)

① 사업주는 법 제5조의2에 따라 직장 내 장애인 인식개선 교육을 연 1회, 1시간 이상 실시하여야 한다.

② 제1항에 따른 교육에는 다음 각 호의 내용이 포함되어야 한다.

1. 장애의 정의 및 장애유형에 대한 이해
2. 직장 내 장애인의 인권, 장애인에 대한 차별금지 및 정당한 편의 제공
3. 장애인고용촉진 및 직업재활과 관련된 법과 제도
4. 그 밖에 직장 내 장애인 인식개선에 필요한 사항

③ 사업주는 사업의 규모나 특성을 고려하여 직원연수·조회·회의 등의 집합교육, 인터넷 등 정보통신망을 이용한 원격교육 또는 체험교육 등을 통하여 제1항에 따른 교육을 실시할 수 있다.

④ 사업주는 법 제5조의3제3항에 따른 강사를 활용하여 제1항에 따른 교육을 실시할 수 있다.

⑤ 법 제28조에 따른 장애인 고용 의무가 없는 사업주는 제1항에도 불구하고 고용노동부장관이 보급한 교육자료 등을 배포·게시하거나 전자우편을 보내는 등의 방법으로 장애인 인식개선 교육을 실시할 수 있다.

장애인인식개선은 도덕적 인성교육이 아니다. 법률적으로 반드시 해야하는 의무교육이며, 해당 내용은 총 4

가지가 포함되어야한다.

1) 장애의 정의와 장애유형에 대한 이해

2) 직장내 장애인 인권

3) 장애인 고용촉진 법률제도

4) 그 밖에 필요한 장애인 인식개선 사항

첫 번째 장애의 정의와 장애의 유형은 장애복지법에 자세히 나와 있으며, 법률적 장애를 이해하는 것이다.

두 번째 직장내 장애인 인권은 장애인차별금지법에 자세히 나와 있다. 왕권통치 시절에는 백성이 한자를 몰라서 그 시대 법을 알지 못해 항상 피지배 계급에 속했다. 반면 요즘은 누구나 법률을 알고서 법의 보호를 받고 있다. 이와 같이 요즘 장애인들은 정상인과 대등한 학력을 갖추고 있어서 장애인을 보호하는 14가지 법률을 자세히 알고 있고, 특히 장애인차별금지법을 통해 자신들의 권익보호 방법을 알고 있다.

여성들이 직장내 성희롱 피해를 스스로 보호하듯, 장애인들도 자신들의 권익을 지키는 법을 알고 있다. 이처럼 장애인은 법적 보호를 받는 인격체로서 직장내 자신의 역할을 수행하고 있다. 신체가 정상이라고 해서 그것으로 장애인을 인식에서 차별하고, 편견하고, 무시하고, 배제하고, 기회를 박탈한다면 그러한 인식이 불법에 해당되어 법적인 제재를 받을 수 있음을 사업주와 근로자가 반드시 인지해야한다. 장애인인식개선 교육은 예비군 교육처럼 해서는 절대 안되는 이유가 여기에 있다. 모든 사업주와 근로자의 발등에 떨어진 불똥처럼 반드시 인지하고 장애인과 더불어 어떻게 살아가야할지 알고서 행해야하는 당면과제인 것이다.

법이 생긴 이유는 형식이 아닌 실질 때문이다. 모든 법은 강제력이 있다. 법에서 의무교육으로 지정했다는 것은 법적인 효력이 그만큼 강하다는 것이다. 사전에 인지하고서 법의 피해를 받지 않도록 사업주에게 혜택을 주는 것이다. 교통신호등을 알든 모르든 빨간 신호등에 무단횡단하면 교통사고가 나듯이, 장애인차별금지법을 몰랐다고 해서 면책대상은 아니다. 모른 것이 죄다. 알고서 법의 권리를 누리는 것이 지혜다. 장애인인식개선

교육을 어차피 받을 것이면, 해당 내용을 자세히 알고
있는 장애인고용공단 소속 장애인인식개선 교육강사의
교육을 받는 것이 사업주의 미래를 위해서 상당히 유익
이 있을 것이다.

우리가 걸어온길

사랑나눔DAY

"여러분의 사랑을 나누어 주세요~"
사랑 나눔 DAY
사단법인 내부장애인협회 후원: KB 국민은행 쌍문지점

대회 사단법인 내부장애인협회 평화복지 걷기 마라톤

"여러분의 사랑을 나누어 주세요~!"
장애인과 함께하는 볼링대회
주최·주관: 내부장애인협회 우원: 강북볼링장

엄마 나 괜찮아

초판 1쇄 발행   2022년 3월 25일

지은이 황정희
표지 그림 화가 황인옥
글씨 서예가 여태명
편집·디자인 홍성주
펴낸곳 도서출판 위
주소 경기도 파주시 광인사길 115
전화 031-955-5117~8

ISBN 979-11-86861-16-5 03330